사례로 학습하는
기본
경매

이 책의 출판권은 (주)두드림미디어에 있습니다.
저작권법에 의해 보호받는 저작물이므로 무단 전재와 복제를 금합니다.

실패 없는 경매 투자를 위한 사례 분석 기본서

사례로 학습하는
기본 경매

김민솔 | 이실장 | 차건환 지음

두드림미디어

경매를 배우고 싶은 마음에 무작정 동네 도서관에 가서 경매 관련 서적들을 빌려 거의 다 읽었다. 그런데 실제 경매 물건을 보니 책에서 얻은 정보로는 분석하기 어려운 것들이 너무 많았다. 혼자서 할 수 있는 노력을 최대한 해봤으나 여전히 경매의 변두리에서 많은 것을 모른 채 떠돌고 있는 기분이었다. 그러던 중, 차건환 대표님의 책을 읽게 되었다. 내가 계속해서 찾아다니던 것, 다른 책들은 알려주지 않던 게 이것이라는 생각이 들어 바로 대표님이 운영하시는 네이버 카페 '경공매를 통한 부자 클라이밍'에 가입했고, 대표님께 연락을 드린 후 찾아갔다.

부동산 권리분석에 대한 설명, 경매로 돈을 번 영웅담 등은 시중에 많으나 경매 실전 투자 시 물건 선별에 필요한 안목을 기를 수 있는, 수익으로 이어지는 '진짜' 정보는 찾아보기 힘들다. 대표님께 경매를 배우면서 알게 된 '진짜' 정보를 이 《사례로 학습하는 기본 경매》에 담았다. 이 책에 담긴 다양한 사례와 그에 대한 분석 방법을 공부하면 경매 물건을 분석하고 수익으로 이어지는 투자를 해낼 자력을 기를 수 있을 것이다. 이 책에 담긴 지식을 얻기 위해 둘러왔으나, 독자들은 이 책을 통해 보다 쉽게 얻어가길 바란다.

아직 부족함이 많음에도 대표님께서 간절함을 알아봐주시고 함께 도서를 출간할 기회를 주셨다. 경매를 하고 싶다는 일념으로 투자 자금을 모으기 위해 쉬는 날 없이 일하고, 대표님과 함께 경매에서 결과물을 만들 기회를 놓치고 싶지 않아 몇 개월 동안 퇴근 후 잠을 줄이며 이 책을 썼다. 공동으로 도서를 출간할 소중한 기회를 주신 대표님께 진심으로 감사하다는 말씀을 전하고 싶다. 경매뿐만 아니라 삶에 큰 영감을 주시는 존경하는 대표님, 네이버카페 '경공매를 통한 부자 클라이밍'을 위해 늘 애써주시는 이실장 님과 함께 앞으로도 경매에 발자취를 남기고 싶다. 경매를 하며 만난 소중한 인연들과 함께 이 책을 출간한 기회를 주신 두드림미디어의 한성주 대표님께도 감사를 전한다.

마지막으로 내가 자유롭게 살아갈 수 있게 지지해주시는 부모님, 나를 있는 그대로 아껴주는 친구들에게 나 또한 언제나 같은 마음임을 전하고 싶다.

김민솔

하는 일마다 잘 안 풀려서 방황하던 시기에 30년 지기의 "경매라도 해볼까?"라는 지나가는 말에 경매라는 것을 알게 되었다. 지푸라기라도 잡는 심정으로 무작정 경매를 시작하게 되었고, 초심자의 행운으로 2번의 입찰 만에 첫 낙찰을 받았으며, 그 후 수차례 낙찰이 되며 수익을 맛보았다. 그러나 경쟁이 치열해 들인 공에 비해 적은 수익이 항상 고민거리였다.

그런 이유로 경매가 맞는 길인지 방황하고 고민하고 있던 찰나에 우연한 기회를 통해 운명적으로 대표님을 만나게 되었다. 대표님께서 간절함을 좋게 봐주셨기에 지금까지 꾸준하게 인연을 맺을 수 있었고, 그 결과 이렇게 책을 출판할 수 있는 소중한 기회를 얻게 되었다. 독자 여러분들께서도 인생에서 목표를 잃고 방황하고 있을 때 이 책을 통해서 희망을 얻고 삶의 원동력이 되기를 바란다.

끝으로, 이 책을 출간할 기회를 주신 두드림미디어의 한성주 대표님께 감사의 말씀을 올린다. 미래에 대해 방황하고 걱정하고 있을 때 누구보다 아낌없이 조언해주신 저의 스승님이자 멘토이신 차건환 대표님께 진심으로 감사드린다. 비록 나이는 어리지만, 누구보다 생각이 깊고 통찰력이 뛰어나며 그래서 대견하면서도 존경스러운 김민솔 님께도 감사를 전한다.

마지막으로 아직도 많이 부족하지만 늘 뒤에서 응원해주고 힘이 되어주는 부모님, 장인어른, 장모님께 감사드리며 못난 남편 때문에 고생이 많은 아내에게 이 지면을 빌어서 고맙고, 사랑한다고 전한다.

이실장

프롤로그 · 4

I. 물건 분석

1. 등기사항전부증명서(등기부) 분석으로 얻는 투자 힌트 · 14

선순위 말소기준권리가 중첩되는 경우, 동순별접에 따른다 · 16
　• 수익으로 이어지는 경매 지식 · 17
상속공유지분이 경매되는 이유를 추론하자 : 입찰 전, 협상 대상을 알아내는 안목 · 18
형식적 경매가 진행되는 이유를 추론하자 : 그 물건에 얽힌 가정사가 보인다 · 23
　• 수익으로 이어지는 경매 지식 · 23
사해행위 : 채무자에게 필요한 물건이라는 시그널 · 27
　• 수익으로 이어지는 경매 지식 · 29
　• 수익으로 이어지는 물건 선별 팁 · 30
3가지 요소를 갖추고 있으면 수익화가 수월한 물건 · 31
　• 수익으로 이어지는 물건 선별 팁 · 32

2. 감정평가서 분석 · 34

나지상정가격을 확인해야 한다 : 법정지상권 투자의 키 · 35
　• 수익으로 이어지는 물건 선별 팁 · 39
　• 투자 손실 막는 실전 팁 · 41
개별요인비교표를 통해 나지상정가격을 알아낼 수 있다 1 · 42
개별요인비교표를 통해 나지상정가격을 알아낼 수 있다 2 · 45
감정가가 과소평가되었다면 : 낙찰가 산정에 반영해 낙찰 확률을 높이자 · 47
　• 투자 손실 막는 실전 팁 · 51
감정평가서가 2개인 이유 :
경매 대상에 포함되지 않는 제시 외 건물은 감정평가에서 제외시킨다 · 52
　• 수익으로 이어지는 경매 지식 · 55

3. 권리분석 ··· 58
말소기준권리 ··· 59
　• 수익으로 이어지는 경매 지식 ··· 60
말소기준권리 심층 분석 : 가등기나 가처분의 피보전권리가 저당권설정청구권인 경우 ··· 62
　• 투자 손실 막는 실전 팁 ·· 65
낙찰자가 인수해야 되는 위험한 근저당권 ······························ 66
위법한 경매 : 일괄 매각을 하는 게 타당함에도 개별 매각을 했다 ······················ 69
물건의 현황과 공부가 불일치할 때 매수인은 소유권을 취득할 수 있을까? ·············· 73
　• 수익으로 이어지는 경매 지식 ··· 77
간접점유의 함정 : 소멸시효가 진행되지 않게 만든다 ················ 78
고수익 투자 꼼수 : 공유지분 가등기 수법 ······························ 83

Ⅱ. 물건의 현장 조사

현장 조사를 생략할 수 있는 눈썰미 ······································ 91
　• 투자 손실 막는 실전 팁 ·· 93
공매가 진행 중인 땅에 무덤이 늘어났다 ································ 96
아파트를 둘러싼 송전탑 : 현장 조사의 중요성 ······················· 100

Ⅲ. 입찰

차 안에서 경쟁자를 파악해 입찰가를 결정했다 ······················ 105
　• 투자 손실 막는 실전 팁 ··· 106
입찰 방식으로 절세하기 : 공동입찰, 단독입찰 ······················· 107
　• 수익으로 이어지는 경매 지식 ······································· 108
차순위 매수 신고 ··· 110
공유자우선매수 제한 3가지 사례 ·· 113
　• 수익으로 이어지는 경매 지식 ······································· 113
　　공유자의 특권, 공유자우선매수 제한 1 ·························· 114

공유자의 특권, 공유자우선매수 제한 2 ·· 116
공유자의 특권, 공유자우선매수 제한 3 : 매매로 취득한 지분권자는 허용 ·········· 119
내 전셋집 경매에 입찰해 내 집 마련하기 ·· 122

IV. 절차상 다양한 물건

강제경매의 취소 : 최고가매수신고 이후에 채무자의 취하 방법 ····················· 129
임의경매의 취소 : 최고가매수인 동의 없이 경매를 취하시킨 채무자 ················ 132
무잉여 경매를 진행시킬 수 있는 비법 : 적정한 매수 신청금액 계산 방법 ············ 135
개인회생 절차 중에 있는 강제경매 물건은 피하는 게 좋다 ·························· 140
  • 투자 손실 막는 실전 팁 ·· 143
매각기일 통지가 누락되면? : 법원의 직권불허가 ·································· 145
매각기일연기 신청 : 최대의 투자 수익을 위한 NPL 투자자의 계략 ················· 149

V. 임대차 - 인수 여부를 중심으로

전 소유자가 임차인인 경우 ··· 155
까다로운 임차인 대항력 분석 : 재계약한 종전 임차인 ····························· 158
세대합가와 대위변제를 알면 보증금을 지킬 수 있다 ······························ 163
  • 수익으로 이어지는 경매 지식 ·· 166
전처가 남편 집의 임차인이라면 ··· 168
우선변제권 행사의 일회성 ·· 172
  • 수익으로 이어지는 경매 지식 ·· 173
  • 수익으로 이어지는 경매 지식 ·· 176
  • 투자 손실 막는 실전 팁 ·· 177
미등기 주택의 임차인은 토지에 우선변제권이 있을까? ··························· 178
채권은행은 '채권 회수'를 위해 움직인다 ·· 181
  • 투자 손실 막는 실전 팁 ·· 183
우선변제 요건과 유지 방법 : 실무에서의 주의사항 ································ 184

VI. 특수한 권리분석

무시무시한 압류의 처분금지효력 : 소유권을 좌우한다····················191
협상 전략 : 지분낙찰 후 공유물가액분할 시 세금·······················195
잔금 미납 시 입찰보증금 몰수 : 매각불허가 사유 찾아내 입찰보증금 반환받기··········197
   • 수익으로 이어지는 경매 지식·······························201
분양대금 미납이 부른 대지권미등기·································203
   • 투자 손실 막는 실전 팁································205

VII. 배당

대항력 있는 임차인의 배당요구 1 :
배당요구종기일 이후에 했다면 임차인 보증금 인수·····················209
대항력 있는 임차인의 배당요구 2 :
배당요구종기일 이전에 철회하면 임차인 보증금 인수···················211
   • 투자 손실 막는 실전 팁································213
소액임차인 최우선변제권··214
   • 수익으로 이어지는 경매 지식·······························214
소액임차인 최우선변제권의 예외 : 임차권등기 이후 전입한 임차인···········218
   • 투자 손실 막는 실전 팁································221
전 소유자가 임차인이고 보증금이 증액된 경우·······················222
임차인의 경매 신청은 배당요구로 본다····························224
대항력 있는 선순위 임차인의 확정일자가 늦은 경우, 금액을 알 수 없는 압류까지 있다면··227
   • 수익으로 이어지는 경매 지식·······························229

1

등기사항전부증명서(등기부) 분석으로 얻는 투자 힌트

법원경매(온비드 공매 포함)에서 '말소기준권리'를 파악하는 것은 성공 투자를 위한 첫걸음이다.

말소기준권리에 대한 힌트는 법원에서 제공하는 '매각물건명세서'의 '최선순위 설정'에서 얻을 수 있다. 그러나 스스로 말소기준권리를 파악하는 능력을 키워야 한다.

말소기준권리의 자격이 되는 것
※ ㈜저당권, ㈎압류, 담보가등기, 강제경매개시결정기입등기 중 접수일자가 가장 빠른 등기
※ 전세권(집합건물 전부 또는 토지와 건물 전체에 대한 최선순위 전세권의 전세권자가 경매 신청 또는 배당요구종기일까지 배당요구한 경우)
※ 가처분(피보전권리 : 근저당 설정)
※ 전 소유자의 가압류가 경매 신청하는 경우

선순위 말소기준권리가 중첩되는 경우, 동순별접에 따른다
(의정부2009타경32662)

동순별접이란, 여러 권리 간 우열을 정하는 기준

등기의 순위는 동구에서는 순위번호에 따라, 별구에서는 접수번호에 따라 정해진다. 부기등기의 순위는 주등기의 순위에 따르고, 가등기가 본등기되면 가등기의 순위에 따른다.

이 사례의 등기부를 보자. 갑구의 가압류와 을구의 저당권은 공히 말소기준권리가 될 수 있는 자격을 갖추고 있다. 이 둘 중에서 최선순위를 결정해야 한다.

【 갑 구 】			(소유권에 관한 사항)	
순위번호	등 기 목 적	접 수	등 기 원 인	권리자 및 기타사항
1	소유권보존	2009년8월18일 제32386호		소유자 황■희 500620-1****** 서울특별시 동작구 상도동
2	가압류	2009년8월18일 제32442호	2009년8월18일 의정부지방법원의 가압류 결정(2009카단50755)	청구금액 금275,000,000원 채권자 황■희 서울특별시 성북구 길음동 1276-1 삼부아파트

【 을 구 】			(소유권 이외의 권리에 관한 사항)	
순위번호	등 기 목 적	접 수	등 기 원 인	권리자 및 기타사항
1	전세권설정	2009년8월18일 제32387호	2009년7월16일 설정계약	전세금 금200,000,000원 범 위 건물 2층, 3층 전부(상가) 존속기간 2009년 07월 23일부터 2014년 07월 22일까지 전세권자 오■희 730920-2****** 서울특별시 동작구 대방동 393-71 신대방타워아파트
2	전세권설정	2009년8월18일 제32388호	2009년7월19일 설정계약	전세금 금45,000,000원 범 위 5층 501호(73.17㎡ 별지도면 철부) 주거용 존속기간 2009년 08월 10일부터 2011년 08월 09일까지 전세권자 오■화 751127-2****** 경기도 포천시 영북면 운천리 전산도번번호 09-2844-0000342
3	근저당권설정	2009년8월18일 제32389호	2009년8월18일 설정계약	채권최고액 금120,000,000원 채무자 황■희 서울특별시 동작구 상도동 근저당권자 김■순 540612-2****** 경기도 안양시 만안구 안양동 735 우성아파트

(출처 : 등기부등본)

이 사례처럼 갑구와 을구라는 별구에 위치하면, 접수번호의 순위에 따라 말소기준권리가 정해진다.

두 가지 권리의 접수일자가 2009. 08. 18로 동일 날짜이나 가압류의 접수번호는 '제32442호'이며, 근저당의 접수번호는 '제32389호'로서 근저당의 접수번호가 더 빠르다. 그래서 이 사건의 말소기준권리는 근저당이다.

수익으로 이어지는 경매 지식

전세권은 집합건물 또는 토지와 건물 전체에 대해 최선순위 전세권을 설정하고, 그 전세권에 의한 경매를 신청하거나 배당요구를 하는 경우에만 말소기준권리가 된다.

상속공유지분이 경매되는 이유를 추론하자 : 입찰 전, 협상 대상을 알아내는 안목

(춘천 2017타경6548)

말소기준권리의 확인을 위한 권리분석 시 등기부를 볼 줄 알아야 한다. 더 나아가 일반물건이 아닌 소위 특수물건에 대한 투자를 위해서는 해석의 영역이 존재하고 이를 해석할 줄 알아야 한다. 권리분석 지식에 해석력을 더하면, 경쟁하지 않으면서 높은 수익을 올릴 수 있는 물건을 찾을 수 있다.

정○섭 씨의 단독 소유였던 주택을 1997년에 정○예 씨에게 2분의 1 지분을 증여했다. 이 두 사람은 어떤 관계일까?

(출처 : 등기부등본)

등기부 분석을 통한 가설

3	2번정▒예지분전부이전	2015년7월22일 제4450호	2014년4월4일 상속	공유자 지분 18분의 3 정▒섭 460502-*******
				강원도 화천군 가동면 해당용로 ▒▒▒ 지분 18분의 2 박▒택 740818-******* 부산광역시 해운대구 재반로42번길 ▒▒ (재송동, 이진아파트) 지분 18분의 2 유▒열 660503-******* 제주특별자치도 서귀포시 토산로 ▒▒ 지분 18분의 2 유▒훈 680913-******* 강원도 정선군 정선읍 화평 ▒▒
4	3번박규택지분가압류	2017년2월9일 제652호	2017년2월9일 서울중앙지방법원의 가압류 결정(2017카단30701)	청구금액 금10,519,058 원 채권자 주식회사국민행복기금 110111-3962043 서울특별시 중구 세종대로 124 (태평로1가)
5	3번박규택지분강제경매개시결정	2017년11월7일 제6020호	2017년11월6일 춘천지방법원의 강제경매개시결정(2017 타경6548)	채권자 주식회사국민행복기금 110111-3962043 서울특별시 중구 세종대로 124 (태평로1가, 한국프레스센터)

(출처 : 등기부등본)

2014년 정○예 씨가 사망해서 정○예 씨의 지분 2분의 1이 박○택, 유○열, 유○훈에게 상속되었다.

제882조의 2(입양의 효력)
① 양자는 입양된 때부터 양부모의 친생자와 같은 지위를 가진다.
⇒ 친양자는 법정상속 비율에 따라 상속받는다.
법정상속 비율은 민법 제1009조(법정상속분)에서 정한다.

민법 제1009조(법정상속분)
① 동순위의 상속인이 수인인 때에는 그 상속분은 균분으로 한다.
예시) 자녀들의 상속분은 각자 균분 1이다.

② 피상속인의 배우자 상속분은 직계비속과 공동으로 상속하는 때에는 직계비속의 상속분의 5할을 가산하고, 직계존속과 공동으로 상속하는 때에는 직계존

속의 상속분의 5할을 가산한다.

예시 1) 부부간에 1명의 자녀(직계비속)이 있는 경우, 직계비속이 있으면 배우자는 직계비속과 공동으로 상속받는다. 부친 사망 시 모친의 상속분 1.5, 자녀의 상속분 1이다.

예시 2) 부부간에 자녀(직계비속)가 없는 경우, 직계비속이 없거나 상속받지 않으면 직계존속과 공동으로 상속받는다. 남편 사망 시 부인의 상속분 1.5, 시부모(직계존속)의 상속분 1이다.

친양자로 입양되면 양부모와의 친족관계가 새로 형성된다. 이 점에서 입양 전 가족과의 관계가 계속 법적으로 인정되는 일반 입양과 차이가 있다.

따라서 본인이 재혼 후 상대방의 자식들을 친양자로 입양을 하게 되면, 본인 사망 후 **친양자들도 직계비속의 상속인 자격을 취득한다.**

그런데 이 사례에서는 민법의 친양자 입양 절차를 거치지 않은 것으로 알 수 있다.

그 근거로는 첫째, 정○예 씨의 사망으로 인한 상속인들은 정○섭 씨와 다른 성씨를 가진 것으로 보아 정○예 씨의 이전 자녀들이라는 것을 추정 가능하고, 둘째, 상속인들 중 정씨 성을 가진 자녀가 없다는 점이다.

가설을 통한 가족관계 추론

등기부를 보면 93년에 정○섭 씨가 주택을 매매하고, 97년에 정○예 씨에게 2분의 1 지분을 증여했다. 일반적으로 남매보다는 부부일 확률이 높다. 이후 2014년에 정○예 씨가 사망하고 상속인 중에 남편인 정○섭 씨 외에 성씨가 다른 새로운 인물들(박○택 씨, 유○열 씨, 유○훈 씨)이 등장한다.

재혼 후 친양자 제도를 알고 있다면 다음과 같이 해석해낼 수 있다.
자식이 있는 정○섭 씨는 사별 후 홀로 지내다가 1997년 자식이 있는 정○예 씨와 재혼을 한다. 재혼은 했지만, 기존 각자의 자식들은 별도로 친양자 입양 절차는 생략한 것으로 보인다. 성년의 자녀들은 친양자 입양을 할 필요성이 적기 때문이다.

친양자 입양 절차를 생략했기 때문에 박○택 씨, 유○열 씨, 유○훈 씨는 정○섭 씨의 자식은 아니지만 정○예 씨의 호적상 친자다. 그래서 정○예 씨의 사망으로 상속인들은 재혼 남편인 정○섭 씨, 정○예 씨의 친자인 세 사람(박○택 씨, 유○열 씨, 유○훈 씨)인 것이다. 정○섭 씨가 사망할 경우, 세 사람(박○택 씨, 유○열 씨, 유○훈 씨)은 상속인의 자격이 없다. 정○섭 씨의 친자식들이 상속인이 될 것이다.

이러한 해석을 하지 못하는 투자자들은 이해관계인 파악이 안 되어 입찰을 기피하기 때문에 입찰 경쟁률이 줄어든다.

그렇다면 낙찰 후 협상해야 할 이해관계인은 누구인가?
협상 우선순위는 원소유자이자 지분권자인 정○섭 씨가 대상이 된다. 정○예 씨의 호적상 친자인 세 사람(박○택 씨, 유○열 씨, 유○훈 씨)은 협상 대상자에서 제외된다. 왜냐하면 그 세 사람은 정○예 씨가 사망함으로써 지분을 상속받았으나, 본건의 원소유자이자 지분권자인 정○섭 씨와는 연고가 없기 때문에 본건에 관심이 없을 확률이 높기 때문이다.

46년생 정○섭 씨의 연령대를 고려해보면 그에게도 친자식들이 존재할 가능성이 존재한다. 이 물건은 결국 정○섭 씨가 친자를 대리인으로 해 매수함으로써 수익화해냈다.

이 사건이 형식적 경매로 진행되는 이유는 무엇인가?

어머니가 돌아가심으로써 자식들이 상속을 받았으나, 자식들 입장에서는 친아버지가 아닌 사람과 상속재산을 공유하는 것보다 어머니의 지분을 돈으로 환가해서 청산하는 것이 합리적이기 때문에 형식적 경매를 진행했다.

형식적 경매가 진행되는 이유를 추론하자 : 그 물건에 얽힌 가정사가 보인다
(진주 2016타경314582(2))

형식적 경매란?

쉽게 설명하면, 말 그대로 형식적으로 경매하는 것이다. 실질적 경매는 부동산을 환가해 채권자들의 만족을 얻기 위해서 하지만, 형식적 경매는 부동산의 공정한 환가를 위해 국가기관이 관여하는 것에 그친다.

대표적으로 '공유물 분할 청구에 의한 형식적 경매'를 들 수 있다.

수익으로 이어지는 경매 지식

실질적 경매	채권자가 자기채권의 만족을 얻기 위해 실행하는 경매 ❶ 강제경매 – 집행권원에 의한 경매 ❷ 임의경매 – 담보권 실행을 위한 경매
형식적 경매	채권자가 경매를 통해 권리의 만족을 얻기보다는 환가(재산의 가격 보존, 정리)를 공정하게 하기 위해 국가기관이 관여하는 데 불과하다고 해서 '형식적 경매'라고 한다. 담보권 실행을 위한 경매(임의경매)의 예에 따라 실시한다. ❶ 유치권에 의한 경매(광의의 형식적 경매) ❷ 공유물분할을 위한 경매 ❸ 자조매각 ❹ 단주의 경매 ❺ 타인의 권리를 상실시키는 경매 　(타인의 권리 상실에 의한 경매) ❻ 청산을 위한 경매

진행 이유에 따라 형식적 경매의 종류를 나눌 수 있는데, 그중에서 '공유물 분할을 위한 형식적 경매'를 사례와 함께 살펴보자.

부동산이 공유지분으로 되어 있을 경우, 일부 지분권자가 더 이상 그 부동산을 공유지분 형태로 소유하고 싶지 않을 수 있다. 타지분권자 또는 제3자에게 자기 지분을 매도하고 빠져나오면 좋겠으나, 지분은 일반적인 부동산과 달리 매매가 쉽게 성사되지 않는다. 그래서 공유물 분할 청구의 소를 제기해 공유관계를 해결한다.

지분권자가 다른 공유자 전부를 상대로 법원에 공유물 분할 청구의 소를 제기하면 법원은 재판을 열어 공유물 분할 판결을 내린다. 원칙적으로 현물분할 판결이 내려지고, 예외적으로 가액(대금)분할 판결[1]이 내려진다.

가액분할의 방법으로 공유물 분할 판결이 내려지면, 이 판결문을 기초로 경매를 신청하고, '공유물 분할을 위한 형식적 경매'가 진행된다. 진주2계 2016타경31458[2]가 그에 해당한다.

그렇다면 이 물건이 형식적 경매로 나오게 된 배경은 무엇일까? '등기사항전부증명서'와 '법원임차 조사'에서 이 물건에 얽힌 이야기를 추론해낼 수 있다.

---

1) 공유물을 제3자에게 매각해 그 대금을 분할하는 것이다. 흔히 공유물을 경매해 그 대금을 분할하는 경우가 많다.

사건 경위

① 토지주 아버지(안○정) 1996년 사망

② 7명의 형제들에게 토지 상속

③ 형제 중 안진○ 2005년 사망

④ 안진○의 토지 지분이 아내(김○녀)와 자식들(안○국, 안○혜)에게 상속

⑤ 아내(김○녀)가 해당 토지 위의 무허가 건물 점유

⑥ 이를 문제시한 타지분권자 형제들이 공유물분할의 소를 제기해 공유물분할 판결문으로 '공유물분할을 위한 형식적 경매' 신청

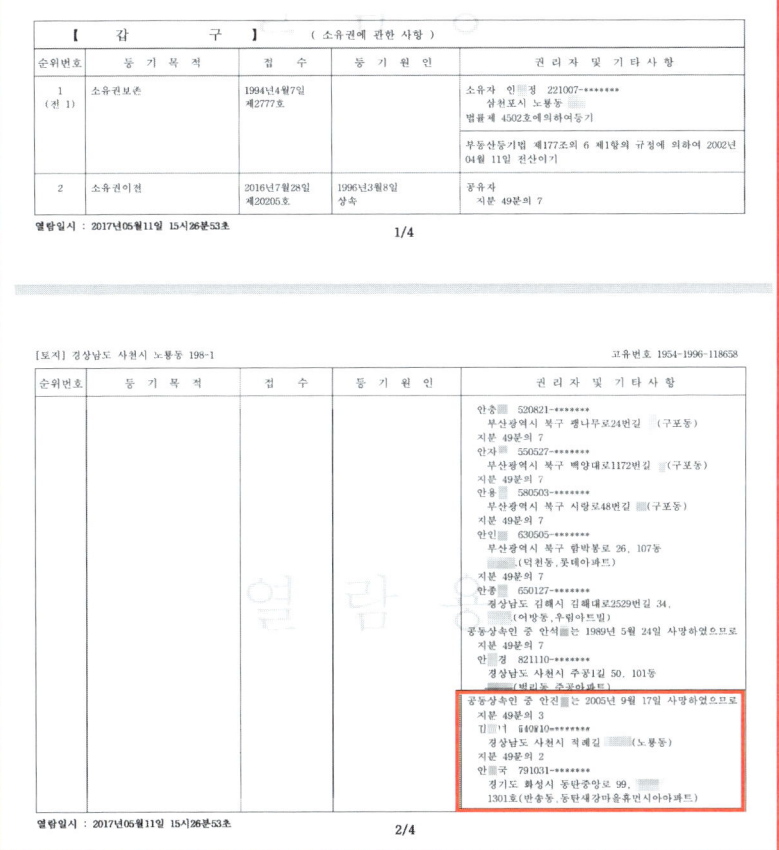

(출처 : 등기부등본)

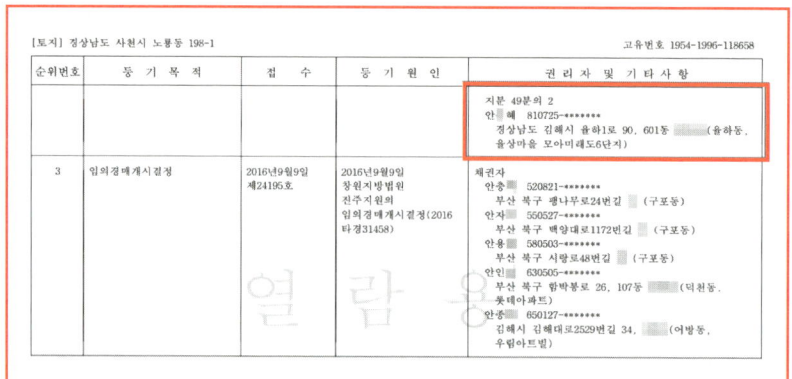

(출처 : 등기부등본)

    법원임차 조사에 '소유자 점유. 본건 전입 세대 열람 결과 내역 없음. 채무자 김○녀 면담 결과, 본건은 무허가 건물이라고 함'이라고 적혀 있다. 집행관이 경매 대상 토지에 찾아가서 김○녀를 만났다는 것이므로 토지 위의 건물 점유자는 김○녀일 확률이 높다.

    해당 건물은 경매 대상 토지에 권원 없는 점유를 하고 있기 때문에 토지가 '공유물 분할을 위한 형식적 경매'로 매각될 경우, 김○녀는 토지 낙찰자로부터 소송에 휘말릴 수 있다. 그럼에도 토지 타지분권자들은 토지에 대한 '공유물 분할을 위한 형식적 경매'를 선택했다.

사해행위 :
채무자에게 필요한 물건이라는 시그널

(군산4계 2017타경276)

(출처 : 지지옥션)

순위번호	등 기 목 적	접 수	등 기 원 인	권리자 및 기타사항
	[토지] 전라북도 익산시 오산면 영만리 879-7			고유번호 2149-1996-283162
2	소유권이전	1999년6월11일 제23353호	1999년6월8일 매매	소유자 허연■ 490721-******* 봉읍사 연지동-■■■
2-1	2번등기명의인표시변경		1999년11월8일 전거	허연■의 주소 익산시 오산면 영만리 ■■■ 2001년5월29일 부기
3	소유권이전	2001년5월29일 제23518호	2001년5월29일 매매	소유자 한남화 671101-******* 익산시 오산면 영만리 897
3-1	3번등기명의인표시경정			한남화의 성명(명칭) 한난■ 착오발견 2001년6월1일 부기
3-2	3번등기명의인표시변경	2012년7월2일 제36252호	2011년10월31일 도로명주소	한난■의 주소 전라북도 익산시 오산면 내검길 ■
4	소유권이전	2014년2월26일 제8300호	2014년2월26일 증여	소유자 한연■ 701128-******* 전라북도 익산시 오산면 내검길 ■
5	가처분	2015년7월27일 제35942호	2015년7월27일 전주지방법원 군산지원의 가처분결정(2015카단106 8)	피보전권리 사해행위취소로 인한 소유권이전등기말소 청구권 채권자 손귀■ 710520-******* 군산시 팔마로 ■ (문화동) 금지사항 매매, 증여, 전세권, 저당권, 임차권의 설정 기타일체의 처분행위 금지
6	가처분	2016년1월8일 제1168호	2016년1월8일 전주지방법원 군산지원의 가처분결정(2015카단198 5)	피보전권리 사해행위취소로 인한 소유권이전등기말소 청구권 채권자 전북신용보증재단 210122-0005793 전주시 완산구 전라감영로 ■ (전동) 금지사항 매매, 증여, 전세권, 저당권, 임차권의 설정 기타일체의 처분행위 금지
7	5번가처분등기말소		2015년12월9일 4번 소유권 말소 등기로 인하여	2017년1월2일 등기
8	6번가처분등기말소		2015년12월9일 가처분에 의한 실효	2017년1월2일 등기
9	4번소유권이전등기말소	2017년1월2일 제21호	2015년12월9일 확정판결	대위자 손귀■ 전라북도 군산시 팔마로 ■ (문화동) 대위원인 전주지방법원군산지원 2015가단 6819 사해행위취소등 사건의 확정판결
10	강제경매개시결정	2017년1월12일 제1729호	2017년1월12일 전주지방법원 군산지원의 강제경매개시결정(2017 타경276)	채권자 손귀■ 710520-******* 군산시 팔마로 ■ (문화동)

(출처 : 등기부등본)

이 경매 사건의 등기부에서 물건 분석과 관련해 주요한 사건 경위를 추려보면 다음과 같다.

사건 경위
① 2001년 5월 한난○가 매매로 해당 경매 물건 취득
② 2014년 2월 한연○에게 증여

③ 2015년 7월 개인채권자(손귀○)가 사해행위 취소로 인한 소유권이전등기말소 청구를 원인으로 가처분을 하고, 2016년 1월 신용보증재단에서 같은 이유로 가처분을 했다.

등기부를 통한 사건의 추론

한난○와 한연○의 나이 차(각 67년생, 70년생), 인접한 주소지(익산시 오산면), 같은 한 씨인 것으로 보아 둘은 자매지간일 확률이 높다.

등기부 순위번호 6번에 '사해행위 취소로 인한 소유권이전등기말소 청구권'을 피보전권리로 하는 가처분 채권자가 전북신용보증재단이다. 여기서 사해행위란, 채권자가 피해받을 것을 알면서 하는 채무자의 채무면탈 행위다. 예컨대, 채무자가 채권자에게 채무변제를 하지 않기 위해 자기 명의의 부동산을 매매, 증여 등을 통해 다른 사람 명의로 바꾸는 것이다.

수익으로 이어지는 경매 지식

사해행위란, 속임수로 남에게 손해를 입힌다는 뜻이다. 즉, 채무자가 채권자를 해함을 알면서 자신의 일반재산(책임재산)을 감추거나 망가뜨리고, 타인에게 넘겨주는 등의 방법으로 감소시키는 행위를 하는 것이다.

채무자가 고의로 자신의 부동산 등을 증여나 매매 등을 통해 다른 사람 명의로 **소유권** 이전하는 행위, **가압류** 채무자의 저당권설정행위, 특정 채권자에 대한 물적 담보권의 설정행위 등 '채권자를 해한다는 사실을 알면서 행한 채무자의 법률 행위'다.

사해행위를 취소시켜 한난○→한연○로의 소유권이전등기를 말소하려는 전북신용재단은 한난○에게 받을 돈이 있는, 한난○의 채권자다. 그렇다면 한난○는 사업자로 추정된다. 지역신용보증재단은 담보력이 부족한 지역 내 소기업·소상공인 등의 채무를 보증해 금융기관으로부터 자금 조달을 위한 대출을 받을 수 있도록 하는 신용보증 제도를 운영하고 있다. 전북신용보증재단과 같은 지역신용보증재단에 채무가 있으면 사업자인 것이다.

등기부로 파악해낸 것들을 종합해보자. 언니 한난○는 사업이 어려워져 자기 소유의 재산이 경매로 넘어갈 것이 염려되자 동생 한연○에게 증여했다. 이를 안 채권자 손귀○이 사해행위 취소 소송을 제기했고, 승소해서 동생 한연○에게 증여되었던 재산이 언니 한난○에게 환원된 것이다.

수익으로 이어지는 물건 선별 팁

이러한 채무면탈 행위는 채무자에게 해당 물건이 꼭 필요하다는 시그널이기 때문에, 낙찰 후 매도가 성사될 확률이 높다. 다만 채무자가 자신의 재산상 이득을 위해 불법 행위까지 한다는 점에서 매도 협상 과정이 순탄하지 않을 것이라는 점도 감안해야 한다.

3가지 요소를 갖추고 있으면
수익화가 수월한 물건
(여주 2018타경33256)

등기부상으로 여러 명의 자녀가 있는 것으로 분석된다. 입지 좋은 땅에 노모가 거주 중이면 자녀들은 그 땅을 지키고자 한다.

(출처 : 등기부등본)

등기부 분석을 통한 가족 간의 상황

이 경매 물건의 등기부를 분석해 여기에 얽힌 가족 상황을 해석해보자.

해당 경매 물건의 소유자 배안○은 여러 자녀를 둔 46년생 노모이며, 본건에 거주 중이다. 자녀들은 노모를 근저당 물상보증인으로 세우고 있다. 특히 이경○는 그런 식으로 수차례 빚을 지다가 노모의 거주지가 경매에 넘어가는 상황에 이르렀다.

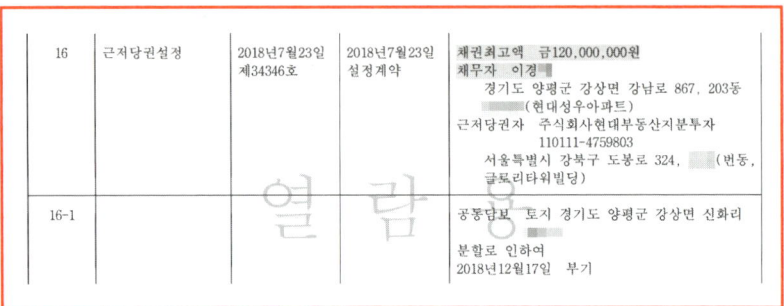

(출처 : 등기부등본)

수익으로 이어지는 물건 선별 팁

효를 중시하는 우리나라 정서상 노모의 거주지를 지키는 것이 자식의 도리라고 생각하는 것이 보편적이고, 노모의 기존 거주지를 잃으면 자식이 부모님을 모시고 살아야 하는 현실적인 문제로 인해 협상이 수월하게 진행될 수 있다. 또한 입지적으로도 뛰어나면 자식들이 사려고 할 확률이 높다.

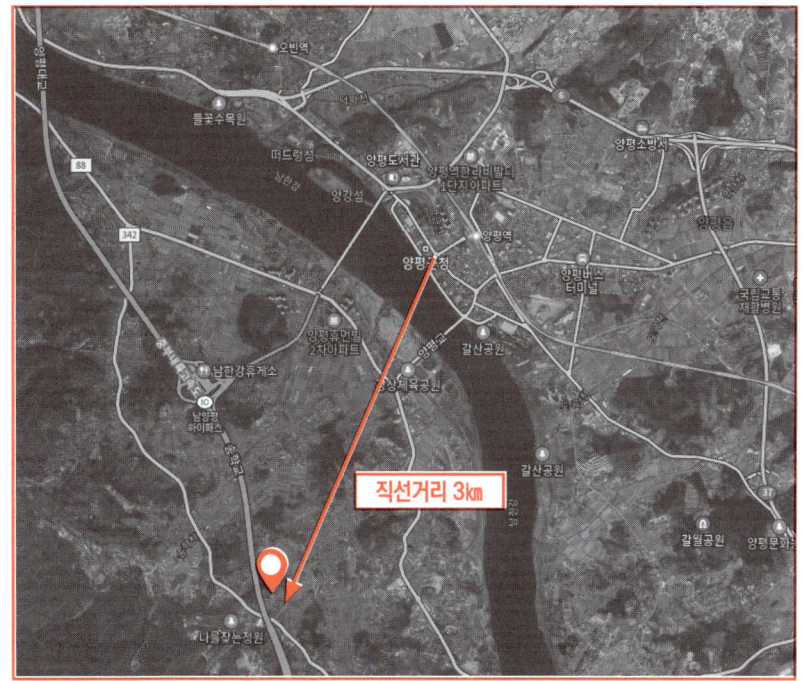

(출처 : 카카오맵)

실제로 자식 중 한 명과 협상을 통해 수익을 거두었다.

즉, **'양호한 입지+노모 거주+채무자의 형제들'**, 이 3가지 요소를 갖춘 물건은 수익화가 수월하다.

2
감정평가서 분석

나지상정가격을 확인해야 한다 : 법정지상권 투자의 키

(춘천 2018타경3959)[2]

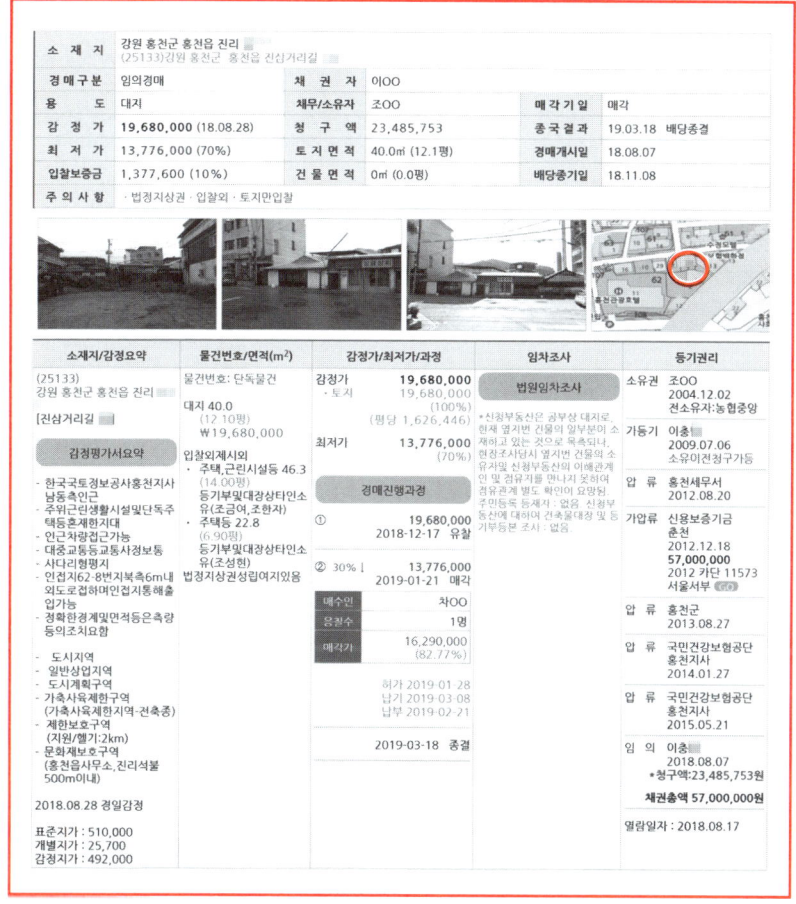

(출처 : 지지옥션)

---

2) 차건환,《감정평가사가 알려주는 스타트! 소액 특수 경매》, 2022, p.30

사건의 개요

지상에 건물이 있으나, 건물은 제외하고 토지만 매각하는 경매 사건이다. 이처럼 경매 신청 목적물 목록에는 없지만 실제로 현장에는 있는 것을 일컬어 '제시 외 건물'이라고 한다. 경매 초심자는 지상에 건물이 있는데 토지만 경매로 나오는 게 의아할 것이다. 우리나라 법제에서는 토지와 건물을 별개의 부동산으로 보기 때문에 건물과 토지를 따로따로 거래할 수 있고, 각각의 소유자가 다를 수 있다. 경매에서도 마찬가지다.

그렇다면 경매는 돈을 벌기 위해 하는 것인데, 타인 소유의 건물이 있는 토지를 경매로 낙찰받아서 어떻게 수익화할 수 있을까? 특수 경매에서는 이런 경매 물건을 법정지상권 투자 물건이라 부르며, 관련 법제에 관한 지식, 물건 선별 안목, 이해관계인과의 협상으로 돈을 번다.

법정지상권과 나지상정평가

> **민법 제366조(법정지상권)**
> 저당물의 경매로 인하여 토지와 그 지상 건물이 다른 소유자에 속한 경우에는 토지 소유자는 건물 소유자에 대하여 지상권을 설정한 것으로 본다. 그러나 지료는 당사자의 청구에 의하여 법원이 이를 정한다.

토지와 건물이 각각 다른 사람에게 귀속되면, 토지 위 건물의 소유자는 아무런 권원 없이 타인의 토지를 사용하는 것이 된다. 토지 소유자가 철거하길 원하면 건물을 철거당하는 처지가 되고, 멀쩡한 건물이 철거되면 사회·경제적으로도 상당한 손실이 생긴다. 법정지상권은 이를 방지하기 위해 만들어졌다.

내가 낙찰받은 토지에 법정지상권이 성립하지 않는 타인 소유의 건물이 있고, 건물 소유자에게는 그 건물이 꼭 필요한 상황을 가정해보자. 토지주인 나에게는 건물 철거를 청구할 권리가 있고, 법정지상권이 성립하지 않는 건물이기 때문에 건물주 상대로 건물 철거 및 토지인도청구 소를 제기하면 승소할 확률이 높다. 토지주인 나는 건물주의 우위에 서서 토지 매도 협상을 할 수 있다.

법정지상권 관련 투자에서는 나지상정가격과 건물 소재로 제한받는 가격을 확인하는 것이 중요하다. 감정평가서에서 나지상정가격으로 진행하는지, 제한받은 가격으로 진행하는지 확인해야 한다. 나지상정가격이 입찰상한가격 결정 또는 건물주에게 지료 청구할 때나 건물주에게 되팔 때, 가격 결정의 기준이 되기 때문이다. 대체로 경상도, 수도권은 제한받는 가격으로 시작하고 전라도는 나지상정가격으로 시작하는 경향이 있다.

6. 감정평가방법의 적용

(1) 본건 토지는 「감정평가 및 감정평가사에 관한 법률」 제3조 및 「감정평가에 관한 규칙」 제14조 제①항에 의거 인근지역 내에 소재하는 비교표준지 공시지가를 기준으로 하여 지가변동률로 시점수정하고 위치, 인근지대상황, 접근성, 획지의 형상 및 면적, 도로 및 교통상황, 공법상 제한사항, 일반수요, 유용성 등의 제반 가치형성요인을 종합 참작하여 가액을 결정하였으며, 「감정평가에 관한 규칙」 제12조 제②항에 의거 거래사례비교법으로 산출한 시산가액과 비교하여 합리성을 검토하였음.

(2) 본건 토지 지상에 등기사항전부증명서 및 일반건축물대장 상 타인소유의 목조 및 시멘트블럭조 함석지붕 및 기와지붕 단층 주택 및 근린생활시설 등 46.29㎡ (조금■, 조한■)와 시멘트블럭조 시멘트기와지붕 단층 단독주택 등 22.8㎡ (조성■)의 제시외건물이 소재하는 바 이용상 제한의 정도를 감안하여 평가하였음. 제시외건물이 소재하지 않을시 단가를 별기 하였는 바 경매 취급시 참고 바라며, 제시외건물 소재 부분의 정확한 경계 및 면적 등은 경매 취급시 측량 등의 조치 요함.

(출처: 감정평가서)

토지 감정평가명세표

페이지: 1

일련번호	소재지	지번	지목?용도	구 조	면 적 (㎡) 공부	면 적 (㎡) 사정	감 정 평 가 액 단가	감 정 평 가 액 금액	비 고
1	강원도 홍천군 홍천읍 진리	▩▩▩	대	일반상업지역	40	40	492,000	19,680,000	제시외건물 소 재
	합 계		<제시외 건물이 소재하지 않을 시 토지 단가 : 703,000원/㎡>						
			이 하 여 백					₩19,680,000.-	

(출처 : 감정평가서)

감정평가서에 적혀 있듯이, 본건은 토지 지상의 제시 외 건물 소재로, 이용상 제한받는 정도를 감안해서 평가한 가격으로 시작한다. 나지상 정가격은 제시 외 건물이 소재하지 않을 시 토지 단가(703,000원)와 면적(40㎡)을 곱한 28,120,000원이다.

낙찰자는 이 건 토지상의 건물주를 상대로 철거 및 토지 인도 소송을 제기했고, 피고가 의미 없는 내용의 답변서를 제출해 법원에서 조정회부결정을 했다. 그 과정에서 협상을 통해 건물주에게 토지 매도에 성공했다. 매도 완료 후 '건물철거 및 토지인도청구' 소송을 취하했다.

수익으로 이어지는 물건 선별 팁

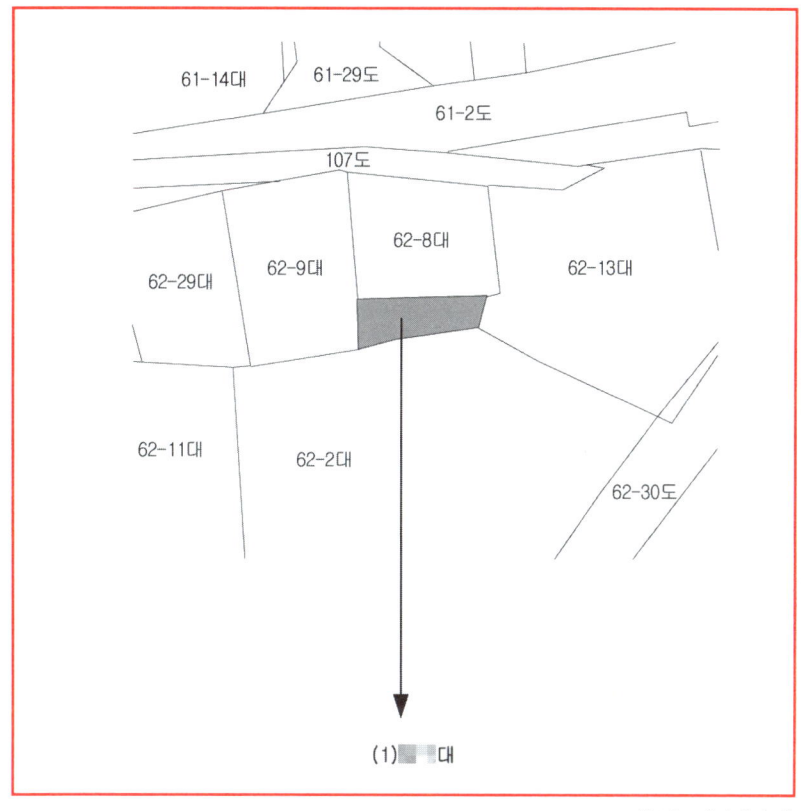

(출처 : 감정평가서)

입찰 전 예상이 결과와 맞아떨어진 사례다.

본건에 노부가 거주하고 입지 또한 홍천군 내 소재하는 곳으로, 향후 건축업자가 노후 건물을 철거하고 신축할 경우, 사업 타당성 확보 차원에서도 안쪽의 맹지지만 도로변에 접한 앞 땅과 함께 본건을 매수할 필요성이 있다는 것이다.

등기부 분석을 통한 이해관계인 파악

순위번호	등 기 목 적	접 수	등 기 원 인	권리자 및 기타사항
1 (전 1)	소유권보존	1961년12월18일 제2994호		소유자 홍천군농업협동조합 서울 중구 충정로1가
1-1 (전 1-1)	1번등기명의인표시 변경	1998년2월27일 제2967호	1981년1월15일 소멸	홍천군농업협동조합의 성명(명칭) 농업협동조합중앙회
				부동산등기법 제177조의 6 제1항의 규정에 의하여 1번 내지 1-1번 등기를 2001년 08월 25일 전산이기
1-2	1번등기명의인표시 경정	2004년12월2일 제22377호	신청착오	농업협동조합중앙회의 주소 서울 중구 충정로1가 75
2	소유권이전	2004년12월2일 제22378호	2004년11월30일 매매	소유자 조경■ 710522-******* 강원도 홍천군 홍천읍 진라 ■
2-1	2번등기명의인표시 변경	2008년3월7일 제4361호	2007년2월1일 전거	조경■의 주소 강원도 홍천군 홍천읍 연봉리 497 연봉아이파크아파트 ■

(출처 : 등기부등본)

지상의 제시 외 건물 중 1동의 소유자 조한○(57년생), 조금○(59년생)과 토지 소유자 조경○(71년생)은 부모와 딸 관계로 추정된다. 성이 같으며, 토지 등기부상 조경○(71년생)의 주소지가 본건 인근이기 때문이다.

(출처 : 카카오맵)

투자 손실 막는 실전 팁

건물주에게 매도가 완료되기 전에는 소를 취하해서는 안 된다. 건물주가 언제까지 얼마를 주어 토지를 사기로 약속했더라도, 약속이 제대로 지켜지지 않는 경우가 많다. 매도가 완료되기 전에 소를 취하하면 언제 그랬냐는 듯 말을 바꿀 수도 있다.

개별요인비교표를 통해
나지상정가격을 알아낼 수 있다 1
(상주2계 2017타경3248)

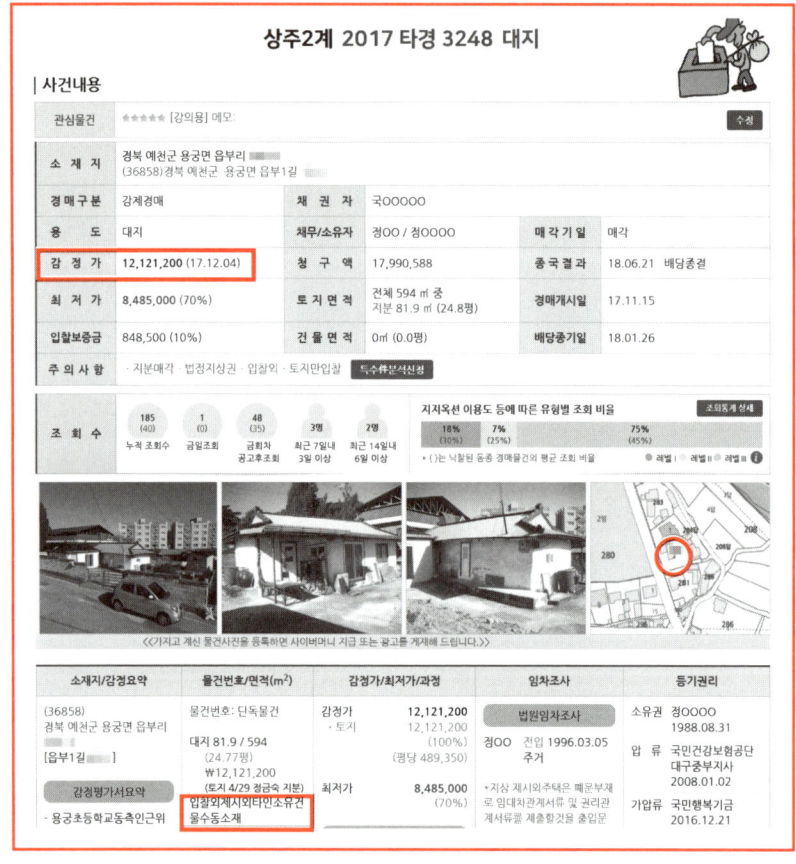

(출처 : 지지옥션)

경매에는 낙찰 후 이해관계인에게 재매도해서 수익을 실현하는 투자 방법이 있다. 이 투자에서는 재매도 협상을 수월하게 이끌 수 있는 가격, 즉 상대방이 큰 부담을 느끼지 않고 매수할 수 있는 가격에 낙찰받는 것이 중요하다. 그 판단 기준점으로 삼을 수 있는 가격이 나지상정가격이다. 나지상정가격을 알아낸 후 입찰가를 산정해야 한다.

그렇다면 나지상정가격은 어떻게 알아낼 수 있을까? 사례를 통해 알아보자.

나지상정평가의 역산 방법

이 사례는 지상에 건물이 소재하는 토지 지분만의 매각이다. 지상에 제시 외 건물이 소재하는 경우, 제시 외 건물을 감안해서 평가한 감정가와 나지상정가격이 있다. 감정평가서의 토지 평가명세표에서 확인할 수 있다.

토지 평가명세표

[기준시점 : 2017-12-04]

일련번호	소재지	지번	지목 용도	용도지역 및 구조	면적(m²) 공부	면적(m²) 사정	감정평가액 단가	감정평가액 금액	비고
1	경상북도 예천군 용궁면 읍부리	▨▨▨	대	계획관리지역	594x--2!	81.9	148,000	12,121,200	정금숙氏 지분전부 제시외건물 감안평가
합계								₩12,121,200.-	
					이	하	여	백	

(출처 : 감정평가서)

비고에 '제시 외 건물 감안 평가'라고 적혀 있다. 즉 12,121,200원은 제시 외 건물 소재로 제한받는 가격이다. 감정평가서상에 나지상정가격이 별도로 산정되어 있지 않더라도, 이 가격으로 나지상정가격을 유추할 수 있다.

나지상정가격을 계산하기 위해서는 감정평가서상 개별요인비교표의 기타조건 비교치를 확인해야 한다. 기타조건 비교치가 0.70이면 지상에 제시 외 건물이 소재해서 비교표준지(나지상정한 상태)에 비해 30% 열세라는 의미다. 역산해보면 12,121,200원 ÷ 0.70 ≒ 17,316,000원으로, 이것이 나지상정가격이다.

2) 개별요인 비교 (대상물건 기호 1) 토지/비교표준지 ①)

조건	항목	세항목	비교내용	비교치
가로조건	가로의 폭, 구조 등의 상태	폭, 포장, 보도, 계통 및 연속성	대등함.	1.00
접근조건	교통시설과의 접근성	인근 대중교통시설 과의 거리 및 편익성	열세함.	0.90
	상가와의 접근성	인근상가와의 거리 및 편익성		
	공공 및 편익 시설과의 접근성	공공 및 편익시설 과의 거리 및 편익성		
환경조건	일조 등	일조, 통풍 등	대등함.	1.00
	자연환경	조망, 경관, 지반 등		
	인근환경	인근토지의 이용 상황 및 적합성		
	공급 및 처리 시설의 상태	상, 하수도 등		
	위험 및 혐오시설 등	위험 및 혐오시설의 유무 및 그 거리		
획지조건	면적,접면너비,깊이,형상 등	면적, 접면너비, 깊이, 형상 등	열세함.	0.95
	방위, 고저 등	방위, 고저, 경사지		
	접면도로상태	각지, 2면획지 등		
행정적조건	행정상의 규제정도	용도지역, 지구, 구역 등	대등함.	1.00
		규제의 정도		
기타조건	기 타	장래의 동향	열세함.	0.70
		기 타		
개별요인 비교치 누계			1.00 x 0.90 x 1.00 x 0.95 x 1.00 x 0.70 ≒ 0.599	

(출처 : 감정평가서)

개별요인비교표를 통해
나지상정가격을 알아낼 수 있다 2

(춘천 2020-17159-001)[3]

개별요인비교표의 기타조건 비교치를 통한 나지상정가격 계산법을 다른 사례에도 적용해보자.

(출처 : 지지옥션)

지상에 제시 외 건물과 수목이 소재하는 토지 지분만의 매각이다.

(출처 : 감정평가서)

---

3) 네이버 카페 '경공매를 통한 부자 클라이밍(구 돈쭐경매)', https://cafe.naver.com/donzzul22/138

제시 외 건물 소재로 제한받는 감정가가 12,636,900원이다.

마. 개별요인 비교

일련 번호	거래 사례	가로 조건	접근 조건	환경 (자연) 조건	획지 조건	행정적 조건	기타 조건	격차율
1	기호(A)	1.00	0.85	0.90	1.00	1.00	0.80	0.612
의견	본건(기호1)은 거래사례(기호A)와 비교하여 접근조건(상가와의 접근성 등), 환경조건(인근환경 등), 기타조건(제시외건물 등)에서 열세함.							

(출처 : 감정평가서)

이 물건은 개별요인비교표의 기타조건 비교치가 0.80이다. 지상에 제시 외 건물이 소재해서 비교표준지(나지상정한 상태)에 비해 20% 열세라는 의미다. 역산해보면 12,636,900원 ÷ 0.80 ≒ 15,796,125원으로, 이것이 나지상정가격이다.

감정가가 과소평가되었다면 :
낙찰가 산정에 반영해 낙찰 확률을 높이자
(2019-04276-003)[4]

(출처 : 지지옥션)

본건은 감정가를 의식해서 입찰가를 정하면 패찰하는 물건이다. 왜냐하면 감정가가 과소평가되었기 때문이다. 감정가의 과소평가, 인근 대지 시세 조사, 이전에 진행되었던 공매 낙찰가에 대한 입찰경쟁자들의 심리를 분석한 후, 낙찰가 산성에 반영하면 낙찰 확률을 높일 수 있

---
4) 네이버 카페 '경공매를 통한 부자 클라이밍(구 돈쭐경매)', https://cafe.naver.com/donzzul22/23

는 물건이다.

- 기호 1,2 토지 공히 지목은 '도로'이나 기호 1 토지의 현황은 묵전 등의 상태이고, 기호 2 토지는 상업용 건부지의 주차장 등으로 이용 중인 바, 현황을 감안하여 평가하였으니 공매 진행시 참고 바람.

(출처 : 감정평가서)

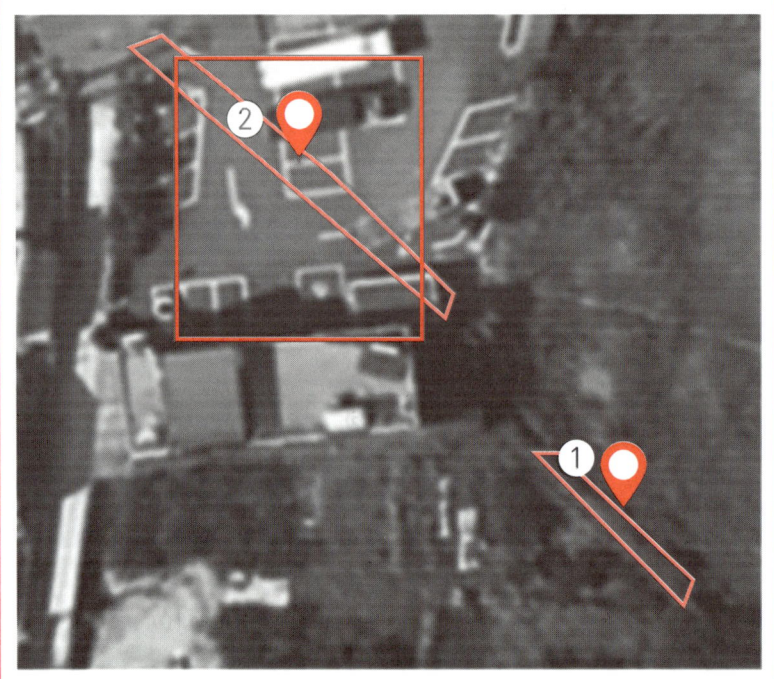

지목은 도로
❶ 기호 1: 현황 묵전 등
❷ 기호 2: 현황 상업용 건부지의 주차장 등

☐ : 제3자가 경매 대상 토지의 일부를 주차장으로 이용 중

(출처 : 카카오맵)

감정가의 과소평가와 인근 대지 시세 조사

본건 경매 대상 물건은 지목이 도로인 토지다. 지목이 도로인 경우는 2가지로 나뉜다. 하나는 지목이 도로이고 현황도 도로인 경우, 다른 하나는 지목은 도로지만 현황은 도로가 아닌 경우다. 감정평가는 현황평가 원칙에 따라서 지목이 어떻든, 기준 시점 현재의 이용 상황에 따라서 감정평가해야 한다.

현황이 도로인 사유지(사실상의 사도)는 인근 택지 대비 감가해 감정평가한다. 도로의 개설에 따라 도로를 이용하는 토지의 효용이 증가함으로써 도로의 가치가 도로를 이용하는 토지의 가치에 이전된다는 '화체이론' 때문이다.

이 사건 사유지는 지목이 도로지만 현황은 도로가 아니다. 감정평가서의 '그 밖의 사항'에 나와 있듯이, 현황은 '묵전 등'과 '상업용 건부지의 주차장'이다.

다음 자료는 감정평가서의 개인요인 비교표다. 표준지와 이 건의 우열을 비교하는 것이다. 행정적 조건이 0.90이면, 이 건이 표준지에 비해 10%가 열세하다는 의미다. 현황이 도로가 아님에도 불구하고 지목이 도로임을 참작해 저감해서 감정평가된 것이다. 이 경우, 인근 대지 시세를 확인해봐야 한다.

감정평가액의 산출근거 및 결정의견

(2) 개별요인 비교치 결정

① 기호 1 토지 개별요인 비교치

기호	비교표준지	접근조건	자연조건	획지조건	행정적조건	기타조건	격차율
1	가	1.00	1.00	0.90	0.90	1.00	0.810

- 기호 1 토지는 비교표준지 <가> 대비 경사·경작의 편부 등 획지조건에서 열세하고, 기호 1 토지의 지목이 '도로'인 점과 비교표준지 <가>의 85%가 도시계획시설(도로)에 저촉되는 점을 모두 행정적조건으로 반영함.

② 기호 2 토지 개별요인 비교치

기호	비교표준지	가로조건	접근조건	환경조건	획지조건	행정적조건	기타조건	격차율
2 (자녹)	나	1.05	1.10	1.00	0.80	0.49	1.00	0.453
2 (2주)	다	1.00	1.00	1.00	0.70	0.60	1.00	0.420

- 기호 2 토지의 자연녹지지역 부분은 비교표준지 <나> 대비 가로의 폭·구조 등 가로조건에서 다소 우세하고, 교통시설과의 편의성 등 접근조건에서 우세하며, 면적·형상 등 획지조건에서 열세하고, 지목이 '도로'인 점과 자연녹지지역 부분 전체가 도시계획시설(도로)에 저촉되는 점을 행정적조건으로 반영함.
- 기호 2 토지의 제2종일반주거지역 부분은 비교표준지 <다> 대비 면적·형상 등 획지조건에서 열세하고, 지목이 '도로'인 점과 제2종일반주거지역 부분 일부가 도시계획시설(도로)에 저촉되는 점을 행정적조건으로 반영함.

(출처 : 감정평가서)

이전 공매 낙찰가에 대한 입찰 경쟁자들의 심리

8-1	공매공고	2018년12월27일 제88403호	2018년12월26일 공매공고(한국 자산관리공사 2018-10966-003)	

(출처 : 등기부등본)

(출처 : 지지옥션)

등기부에서 이전에 공매가 진행된 기록이 있다. 이전에 진행되었던 공매의 낙찰가를 확인해보니 105,000,000원이다. 그렇다면 입찰 경쟁자들은 이전 공매 낙찰가와 비슷한 가격에 입찰하면 낙찰 승산이 있으리라 판단하거나 이전 공매에서 패찰해서 더 높은 입찰가를 쓸 것이다.

투자 손실 막는 실전 팁

좋은 가격에 낙찰받을 확률이 높이기 위해서는 감정가의 과소평가 여부, 인근 대지 시세, 이전에 진행되었던 경공매 낙찰가에 대한 입찰경쟁자들의 심리, 이해관계인의 본건 매수 의지 등을 종합해 낙찰가를 산정해야 한다.

감정평가서가 2개인 이유 : 경매 대상에 포함되지 않는 제시 외 건물은 감정평가에서 제외시킨다

(순천7계 2014타경13997[1])

(출처 : 지지옥션)

입찰에서 제외되는 제시 외 건물이 있고, 토지만 경매가 진행되었다. 이 경매 사건에서 다소 특이한 점은 2개의 감정평가서가 있다는 것이다. 유료 경매 사이트에 2015년 2월에 재감정되었다고 적혀 있다.

그리고 첫 번째 매각기일에서는 93,805,000원이 최초 매각 가격이었고 최고가 매수 신고인이 있었으나, 매각불허가되었다. 두 번째 매각기일의 매각 가격은 70,790,650원이었다.

2개의 감정평가서에서 차이를 확인해 재감정이 진행된 이유와 매각불허가 사유를 추적해보자.

토지.건물 평가명세표

[기준시점: 2014-10-21]

일련번호	소재지	지번	지목 용도	용도지역 및 구조	면적(㎡) 공부	면적(㎡) 사정	감정평가액 단가	감정평가액 금액	비고
1	전라남도 구례군 토지면 문수리		임야	생산관리지역	1,285	1,285	73,000	93,805,000	
2	〃		임야	〃	1,462	1,462	73,000	106,726,000	
			소계					₩200,531,000	
			제시외건물						
ㄱ	〃		주택	목조 기와지붕 단층	(39.4)	39.4	1,500,000	59,100,000	1,500,000 × 45/45
ㄴ	〃		보일러실	판넬조 판넬지붕 단층	(1.6)	1.6	120,000	192,000	120,000 × 35/35
ㄷ	〃		주택	일반철골조 판넬위 아스팔트싱글지붕 단층	(78)	78	650,000	50,700,000	650,000 × 45/45
			소계 합계				이하 여백	₩109,992,000 ₩310,523,000	

(출처: 감정평가서)

매각불허가와 재감정의 진행 이유

최초에 평가한 감정평가서 일부다. '토지, 건물 평가명세표'라고 적혀있고 제시 외 건물이 감정평가의 대상에 포함되어 있다. 면적에 괄호가 있으니 이 건물은 건축물대장이 없는 무허가이며, 미등기이고, 제시 외 건물이다.

---

6. 그 밖의 사항

　① 대상물건 지상에 별지 "지적 및 건물개황도"에 도시한 바와 같이 제시외건물 기호ㄱ)~ㄷ)이 소재하여 개략적인 실측에 의거 면적사정하여 평가하였는바 경매진행시 소유권 및 일괄경매 여부를 재확인 하시기 바랍니다.

　② 기호1)2)는 공부상 지목이 임야 이나 현황 대지로 이용중임.

(출처 : 감정평가서)

감정인은 제시 외 건물을 포함해서 감정평가했으나, 경매 목적물에 포함되는지 불명확해 경매 진행 시 소유권 및 일괄경매 여부를 재확인하라는 문구를 적어두었다.

제시 외 건물은 경매 대상에 포함되는 경우와 포함되지 않는 경우가 있다.

수익으로 이어지는 경매 지식

제시 외 건물	
경매 대상에 포함되는 경우	경매 대상에 포함되지 않는 경우
1. 건물의 증·개축된 부분 또는 미등기되어 있는 부속물 등 2. 단층 건물 위에 증축된 2층, 옥탑, 지하구조물 3. 땅속에 부설된 유류 저장탱크, 주유소의 주유기 4. 화장실, 목욕탕, 창고 5. 경매의 대상이 된 토지 위에 생립하고 있는 채무자 소유의 미등기 수목	1. 독립된 건축물대장을 가지고 있는 경우 2. 소유자가 다른 건물 3. 물리적 기능적으로 독립된 건물 4. 전체 평가액에서 너무 큰 비중을 차지하는 독립된 건물 5. 입목등기나 명인 방법을 갖춘 수목

제시 외 건물이 경매 대상에 포함되어 함께 감정평가되어야 함에도 감정평가에서 제외되었거나, 경매 대상에 포함되지 않아 감정평가에서 제외되어야 함에도 포함해서 감정평가되었다면 불복할 수 있다. 다만 감정인의 평가에 대해서 직접 불복할 수 없다. 이를 기초로 한 법원의 최저매각가격결정에 대해서 불복해야 한다. 집행에 관한 이의 신청을 통해 불복하면 된다.

위 사례의 제시 외 건물은 무허가 미등기 건물로, 소유자 미상, 즉 소유자가 다른 건물이다. 경매 대상에 포함되지 않는 제시 외 건물이라 감정평가에서 제외되어야 한다. 그러나 최초의 감정평가 시 제시 외 건물도 포함해 감정평가되다 보니 토지는 제한받는 가격이 아닌 나지 상성한 가격을 평가한 것이다. 즉, 첫 번째 매각기일의 최저매각가격(93,805,000원)이 잘못되었다.

2015.02.26	최고가매수신고인 매각허가에 대한 이의신청서 제출	
2015.03.16	감정인 제일감정평가법인 광주전남지사 감정평가서 제출	
2015.05.18	채권자 김재천 취하서 제출	
2015.05.26	최고가매수인 경매취하동의서 제출	
2015.05.27	최고가매수인 경매취하동의서 제출	
2015.06.04	최고가매수인 법원보관금 계좌입금신청서 제출	

(출처 : 법원 문건 접수 내역)

법원 문건 접수 내역을 보니, 첫 번째 매각기일의 최고가 매수 신고인이 이의 신청서를 제출해 불복했다.

토지 평가명세표

[기준시점 : 2015-03-10]

일련번호	소재지	지번	지목/용도	용도지역 및 구조	면적(㎡) 공부	면적(㎡) 사정	감정평가액 단가	감정평가액 금액	비고
1	전라남도 구례군 토지면 문수리		임야	생산관리지역	1,285	1,285	78,700	101,129,500	법정지상권 성립시 가격 ₩70,790,650 현"대"
2	"		임야	"	1,462	1,462	78,700	115,059,400	법정지상권 성립시 가격 ₩80,541,580 현"대"
	합계				이	하	여 백	₩216,188,900.-	

6. 그 밖의 사항

① 대상물건 지상에 별지 "지적 및 건물개황도"에 도시한 바와 같이 제시외건물 기호ㄱ)~ㄷ)이 소재하나 매각목적물에서 제외되어 평가에서 제외하였으며, 비고란에 소유권 행사에 제한 받을 경우의 가격을 기재하였음.

② 기호1)2)는 공부상 지목이 임야이나 현황 대지로 이용중임.

(출처 : 감정평가서)

재감정한 감정평가서 일부다. 소유자 미상의 제시 외 건물이 감정평가에서 제외되었다. 나지상정가격(101,129,500원)과 소유권 행사에 제한받을 경우의 가격(70,790,650원)을 평가했고, 그에 따라 두 번째 매각기일의 최저매각가격이 70,790,650원이 된 것이다.

3
권리분석

말소기준권리

경매에서는 낙찰받은 사람이 매각대금을 납부함으로써 소유권을 취득한다. 그 후 소유권이전등기촉탁을 하는데, 경매 물건의 등기부등본상 권리 중에서 법률과 판례에 따라 소멸(말소)해 낙찰자에게 인수되지 않는 권리와 인수되는 권리가 있다. 소멸과 인수의 판단 기준이 되는 권리가 말소기준권리다.

권리분석과 그 기준인 말소기준권리를 이해하기 위해서는 2가지 원리를 알아야 한다. 이 2가지 원리에 위배되지 않게 기준이 세워지고 분석되어야 한다.

첫 번째, 부동산 경매는 금전채권의 만족을 얻기 위한 것이다. 즉, 부동산 경매는 받아야 할 돈이 있는 권리들(돈이 목적인 권리)이 돈을 받아가는 게 목적이다.

경매 부동산이 경매로 낙찰되면 낙찰자가 납부한 낙찰 대금으로 돈이 목적인 권리들에 배당이 진행된다. 배당을 받았든, 배당금이 부족해 배당을 받지 못했든 배당이 진행됨으로써 경매는 자신의 역할을 다했다. 즉, 돈이 목적인 권리를 전부 충족시켜주었다고 본다. 따라서 경매 부동산의 권리 중 돈이 목적인 권리는 경매로 매각 후 소멸된다.

두 번째로, 경매의 근간은 민법이다.

신의성실의 원칙(줄여서 신의칙)은 민법을 관통하는 일반 원칙으로, 법원의 재판 기준이다. 권리를 행사하거나 의무를 이행할 때 신의와 성실에 따라 행동해야 한다는 법의 원칙이다.

사람 간에 법률관계를 맺으면, 그에 따라 누군가는 일정한 역할을 담당하고 상대방은 그 사람이 그 역할에 걸맞은 행동을 할 거라는 신뢰를 가진다. 그 신뢰는 보호받아야 한다. '신뢰에 어긋나는 예측하지 못한 피해를 주는 행위로 억울한 자'가 발생하면 안 된다.

신의칙은 경매의 권리분석에도 적용된다. 말소기준권리를 기준으로 낙찰 후 권리의 인수, 소멸 결정 시 '신뢰에 어긋나는 예측하지 못한 피해를 주는 행위로 억울한 자'가 생기면 안 된다.

쉽게 말해, 고의와 과실 없이, 알 수 없는 입장이었기 때문에 알지 못한 자는 피해를 입으면 안 된다. 고의나 과실로, 알 수 있는 입장이었음에도 몰라서 피해를 입은 자는 보호해주지 않는다.

그럼, 말소기준권리를 자세히 살펴보자. 말소기준권리는 총 5가지다.

수익으로 이어지는 경매 지식

말소기준권리 (선순위는 인수/ 후순위는 말소)	5가지 중 등기부상 제일 빨리 등기된 권리가 말소기준권리 ① (근)저당권 ② 담보가등기 ③ (가)압류 ④ 최선순위, 집합건물의 건물 전부 또는 토지와 건물 전체, 전세권에 의한 경매 신청이나 전세권에 의한 배당요구한 전세권 ⑤ 강제경매개시결정등기

말소기준권리와 무관하게 인수	① 등기부에 공시되는 권리 • 예고등기 • 건물 철거 및 토지인도청구권 보전을 위한 가처분 • 소유권 다툼에 관한 가처분(심층 분석 필요) ② 등기부에 공시되지 않는 권리 • 유치권 • 법정지상권 • 분묘기지권

 부동산 경매의 권리 분석은 말소기준권리 원칙과 2가지 원리가 맞물려 이루어진다.

 위의 말소기준권리 원칙을 그대로 적용하기만 하면 되는 사례와 설명은 시중에서 쉽게 접할 수 있으므로, 이 책에서는 다소 난도 높은 예외적인 사례 2가지를 소개하겠다.

말소기준권리 심층 분석 : 가등기나 가처분의 피보전권리가 저당권설정청구권인 경우

(서부6계 2015타경5947(1))

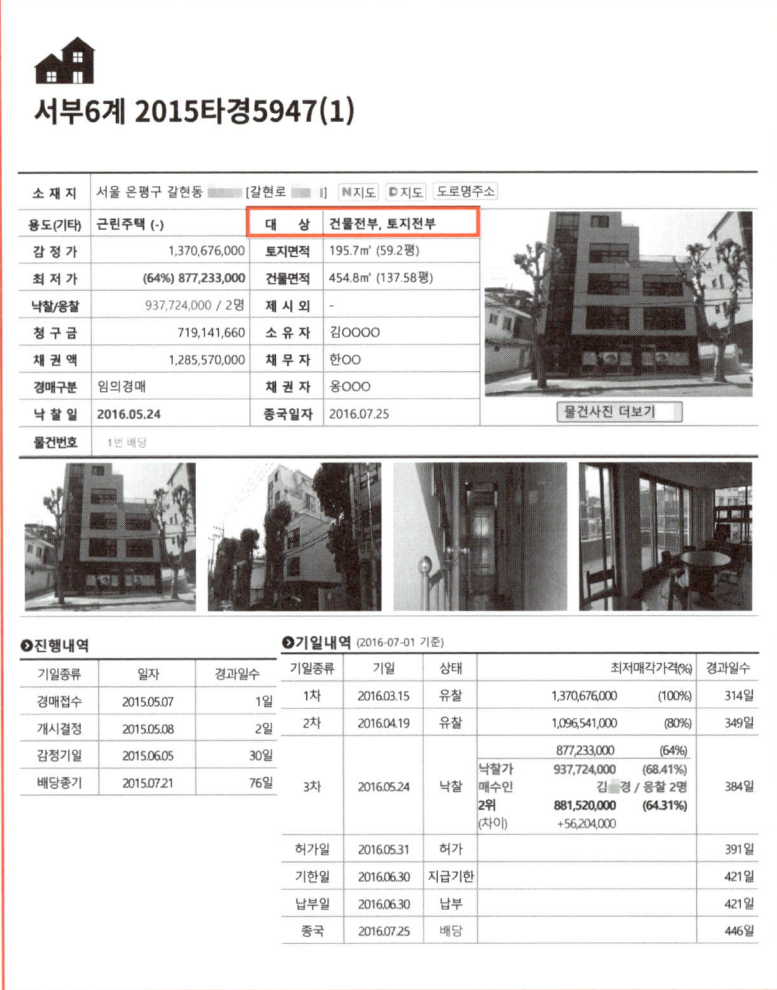

(출처 : 부동산태인)

첫 번째 사례의 경매 대상 물건은 토지와 건물이다. 토지, 건물 각각의 말소기준권리를 확인해야 한다. 매각물건명세서의 최선순위 설정일자를 확인하거나 토지 등기부와 건물 등기부를 확인하면 된다. 건물에 임차인이 있는 경우, 임차인의 대항력은 건물의 말소기준등기를 기준으로 판단해야 한다.

토지와 건물의 말소기준권리 확인

(출처 : 등기부등본)

토지 등기부를 확인해보니 토지의 말소기준권리는 2013. 08. 08 근저당이다.

(출처 : 등기부등본)

건물 등기부를 확인해보니 건물의 말소기준권리는 저당권이고 설정일자는 2015. 03. 20이다. 여기서 2가지 의문점이 생길 것이다.

1. 2015. 04. 15 근저당권이 말소기준권리가 되어야 하는 것 아닌가?
2. 2015. 03. 20은 가처분 접수 날짜인데 이게 왜 말소기준권리인 저당권의 설정 일자라는 것인가?

우선 건물 등기부를 다시 한번 꼼꼼하게 읽어보자. 건물 등기부 갑구 2015. 03. 20에 접수된 가처분의 피보전권리가 '저당권설정청구권'이다. 건물 등기부 을구 2016. 01. 08에 접수된 저당권이 '2015. 03. 20 접수 가처분에 기함'이라고 적혀 있다.

가등기나 가처분의 피보전권리가 (근)저당권설정청구권이고, 이후 (근)저당권이 설정되면 가등기나 가처분의 설정일(접수날짜)이 해당 (근)저당권의 접수날짜가 된다. 그 가등기나 가처분의 설정일(접수날짜)을 기준으로 그 가등기나 가처분에 기초해 설정된 (근)저당권이 최선순위라면, 해당 (근)저당권이 말소기준권리가 된다.

이는 가등기와 가처분의 순위보전효력 때문이다. 가등기의 순위보전효력은 가등기 후 본등기가 경료된 때에는 본등기의 순위는 가등기한 때로 소급한다는 것이다. 가처분의 순위보전효력은 '본안소송에서 승소한 가처분'에 기초한 등기와 배당의 순위는 가처분 설정 시점으로 소급한다는 것이다.

건물 등기부 순위번호 2-1번 '저당권경정'이 되어 있다. 이는 순위번호 2번 '저당권설정'이 가처분에 기초한 등기라는 점이 표시되지 않아, 그 취지를 추가하는 경정등기(등기의 절차에 착오 또는 빠진 부분이 있어서 등기와 실체관계 사이에 불일치가 생긴 경우, 바로잡기 위해 하는 등기)가 된 것이다. 가처분에 기초한 등기여야 가처분의 순위보전적 효력이 인정되기 때문이다.

이를 바탕으로 사건 경위를 정리해보면 다음과 같다.

사건 경위
① 채권자 정○수 2015. 3. 20, 저당권설정청구권을 피보전권리로 가처분
② 가처분 본안 소송에서 승소
③ 저당권자 정○수 2016. 1. 28, 가처분에 기초한 저당권 설정
④ 가처분의 순위보전효력에 따라 저당권자 정○수의 저당권 설정일자 2015. 03. 20

투자 손실 막는 실전 팁

가등기나 가처분의 피보전권리가 저당권설정청구권인 경우, 말소기준권리를 주의 깊게 심층 분석해야 한다. 이 경매 물건처럼 토지와 건물의 말소기준권리가 다른 경우, 건물 임차인의 대항력은 건물 말소기준권리를 기준으로 판단해야 한다. 만약 2015. 04. 15 근저당권을 말소기준권리로 잘못 판단했다면, 건물 임차인의 대항력과 보증금 인수 여부를 제대로 파악하지 못해 성공적인 투자를 하지 못했을 것이다.

낙찰자가 인수해야 되는 위험한 근저당권

창원 2018타경4723(1)

경매 부동산에서 돈이 목적인 권리나 처분은 매각 후 소멸되고 그 밖의 것은 인수가 되는 것이 원칙이다. 왜냐하면 돈이 목적인 권리와 처분은 그 부동산이 경매로 팔린 후 낙찰 대금으로 배당해주면 그 목적이 충족되기 때문이다. 그런데 예외적으로 돈이 목적인 권리인 근저당이 매각으로 소멸되지 않고 낙찰자에게 인수되는 경우가 있다.

다음의 사례를 살펴보자.

(출처 : 지지옥션)

이 사례는 강제경매 사건이며 토지와 다가구주택의 지분 매각이다.

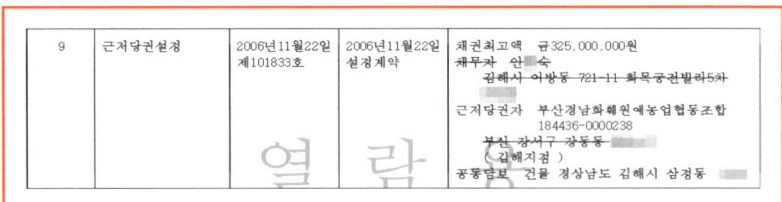

(출처 : 등기부등본)

토지와 건물 등기부에서 토지 을구 9번과 건물 을구 1번이 말소기준 권리로 동일한 근저당권임을 확인할 수 있다.

【 을 구 】 (소유권 이외의 권리에 관한 사항)				
순위번호	등 기 목 적	접 수	등 기 원 인	권리자 및 기타사항
1	근저당권설정	2006년11월22일 제101833호	2006년11월22일 설정계약	채권최고액 금325,000,000원 채무자 안○숙 김해시 어방동 721-11 화목궁권빌라5차 근저당권자 부산경남화훼원예농업협동조합 184436-0000238 부산 강서구 강동동 (김해지점) 공동담보 토지 경상남도 김해시 삼정동

(출처 : 등기부등본)

(출처 : 매각물건명세서)

그런데 매각물건명세서의 비고란을 보면 건물과 토지의 말소기준권리가 되는 근저당권이 말소되지 않고, 최고가 매수인에게 인수된다고 적혀 있다.

특별매각조건의 이유

이는 근저당권자인 농협에서 법원에 특별매각조건을 신청했고, 법원이 이를 승인해 근저당권을 낙찰자가 인수해야 하는 것이다. 그렇다면 왜 농협은 법원에 특별매각조건을 신청했고, 법원은 이를 받아들여 낙찰자가 근저당권을 인수해야 하는 걸까? 그 이유는 토지와 건물의 지분매각이기 때문이다.

지분매각의 형식으로 경매에 나왔기 때문에 근저당권자인 농협 입장에서는 매각으로 근저당권이 소멸하게 된다면 자기 채권의 충분한 만족을 얻지 못하는 피해를 입을 수 있기 때문에 법원에 특별매각조건을 신청하게 된 것이며, 법원은 이를 타당하다고 판단해 낙찰자에게 인수해야 한다고 매각물건명세서에 기재했다. 또한, 이 경우 근저당권이 말소되지 않고 낙찰자에게 인수되므로 근저당권은 말소기준권리가 될 수 없다.

매각물건명세서를 꼼꼼히 읽어보지 않고 낙찰받는다면 해당 근저당권을 인수해 낭패를 볼 수 있는 사례다.

위법한 경매 : 일괄 매각을 하는 게 타당함에도 개별 매각을 했다
(인천14계 2018타경1836(1))[5]

개별 매각과 일괄 매각

경매 절차에서 여러 개의 부동산을 매각하는 경우, 최저매각가격의 결정과 매각을 부동산 별로 분할해서 하는 방법을 개별 매각이라고 한다. 여러 개의 부동산 전부를 한꺼번에 일괄해 매각하는 방법을 일괄 매각이라고 한다.

민사집행법은 개별 매각(분할 매각)을 원칙으로 하고, 일괄 매각을 예외로 한다.

> **민사집행법 제124조**(과잉매각되는 경우의 매각불허가)
> ① 여러 개의 부동산을 매각하는 경우에 <u>한 개의 부동산의 매각대금으로 모든 채권자의 채권액과 강제집행비용을 변제하기에 충분하면 다른 부동산의 매각을 허가하지 아니한다.</u> 다만, 제101조 제3항 단서(토지와 그 위의 건물을 일괄 매각하는 경우나 재산을 분리하여 매각하면 그 경제적 효용이 현저하게 떨어지는 경우 또는 채무자의 동의가 있는 경우에는 그러하지 아니하다)에 따른 일괄 매각의 경우에는 그러하지 아니하다.
> ② 제1항 본문의 경우에 채무자는 그 부동산 가운데 매각할 것을 지정할 수 있다.

---

5) 네이버 카페 '경공매를 통한 부자 클라이밍(구 돈쭐경매)', https://cafe.naver.com/donzzul22/1340

개별 매각에서는 2022타경1234(1), (2), (3) 이런 식으로 한 경매 사건번호에 여러 개의 개별 물건번호가 붙어 있고, 각 물건번호의 경매 대상 부동산이 하나다. 일괄 매각에서는 2022타경1234 이런 한 경매 사건번호에 경매 대상 부동산이 여러 개다.

경매 목적 부동산이 2개 이상인 경우, 집행법원은 개별 매각을 할지, 일괄 매각을 할지 결정할 재량권이 있다. 다만 그 결정 재량에는 제한이 있다.

> **대법원 2004. 11. 9. 선고 2004마94**
> [1] 경매 목적 부동산이 2개 이상 있는 경우 <u>분할경매를 할 것인지, 일괄경매를 할 것인지</u> 여부는 집행법원의 자유재량에 의하여 결정할 성질의 것이나, 토지와 그 지상건물이 동시에 매각되는 경우, 토지와 건물이 하나의 기업시설을 구성하고 있는 경우, 2필지 이상의 토지를 매각하면서 분할경매에 의하여 일부 토지만 매각되면 나머지 토지가 맹지 등이 되어 값이 현저히 하락하게 될 경우 등 <u>분할경매를 하는 것보다 일괄경매를 하는 것이 당해 물건 전체의 효용을 높이고 그 가액도 현저히 고가로 될 것이 명백히 예측되는 경우</u> 등에는 일괄경매를 하는 것이 부당하다고 인정할 특별한 사유가 없는 한 일괄경매의 방법에 의하는 것이 타당하고, <u>이러한 경우에도 이를 분할경매하는 것</u>은 그 부동산이 유기적 관계에서 갖는 가치를 무시하는 것으로써 집행법원의 재량권의 범위를 넘어 <u>위법한 것</u>이 된다.

일괄 매각을 하는 게 타당함에도 집행법원이 개별 매각을 한다면, 이해관계인은 집행법원의 재량권 남용을 이유로 매각 허가결정에 대한 이의를 제기해 다툴 수 있다.

(출처 : 부동산태인)

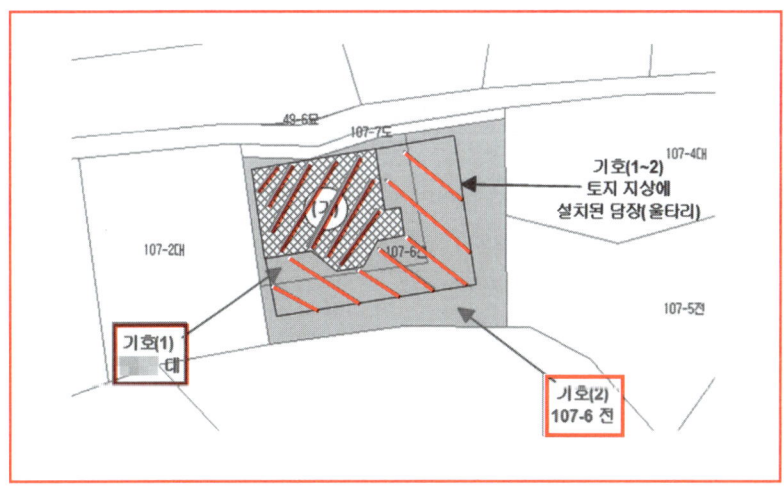

(출처 : 감정평가서)

애초에 개별 매각 2018타경1836(1), (2), (3)으로 진행되었으나 물건번호 (1), (2)는 개별 매각보다 일괄 매각이 더 합리적이다. (1)은 (가)단독주택과 그 건부지이고, (2)는 (가)단독주택의 대문 및 담장과 그 아래의 토지다. 물건번호 (1), (2)의 관계, 물건 전체의 효용 등을 고려했을 때 일괄 경매를 하는 게 타당함에도 분할 경매를 했기에 위법하다.

2018.10.30	최고가매수신고인 열람및복사신청 제출
2018.10.30	최고가매수신고인 매각허가에 대한 이의신청서 제출
2018.11.14	채권자 농OOOOOOOOOOO(OOOOOOOOOOOOO) 열람및복사신청 제출
2018.11.16	감정인 (주)OOOOOO OO 감정평가서 제출
2018.11.20	채권자 농OOOOOOOOOOO 열람및복사신청 제출
2018.11.23	채권자 농OOOOOOOOOOO 일괄매각신청서(물건번호1,2) 제출
2018.12.06	최고가매수인 열람및복사신청 제출
2018.12.17	교부권자 북OOOOO 교부청구서 제출
2019.01.04	최고가매수인 매각대금완납증명

(출처 : 법원 문건 접수 내역)

이에 이해관계인인 최고가 매수 신고인이 매각 허가에 대한 이의 신청서를 제출하고, 법원이 채권자에게 보정명령을 내려 채권자가 일괄 매각 신청서를 제출했다. 물건번호 (2)가 물건번호 (1)에 흡수되어 둘은 2018타경1836(1) 일괄 매각으로 진행되었다.

물건의 현황과 공부가 불일치할 때 매수인은 소유권을 취득할 수 있을까?

(수원 2015타경8253)[6]

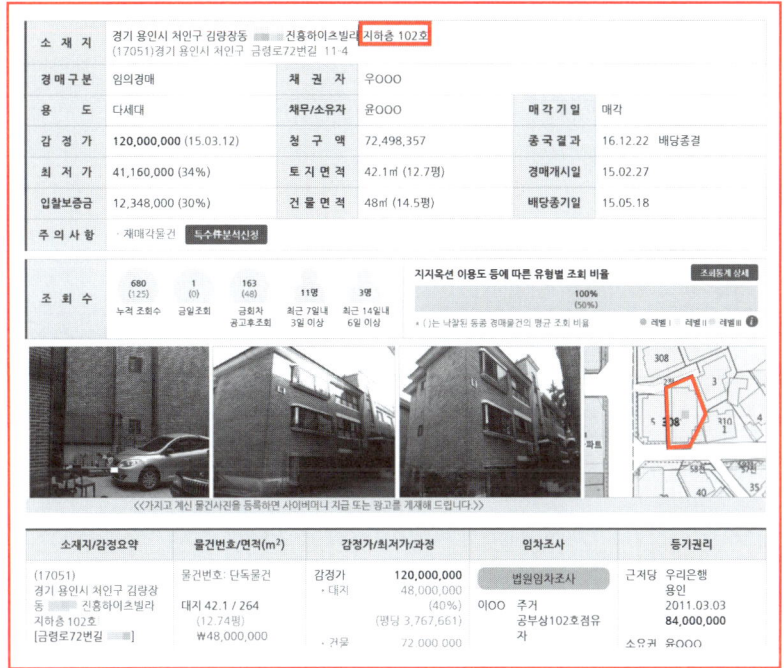

(출처 : 지지옥션)

(출처 : 등기부등본)

---

6) 네이버 카페 '경공매를 통한 부자 클라이밍(구 돈쭐경매)', https://cafe.naver.com/donzzul22/631

등기부상의 지하층 102호가 경매로 진행된다. 그런데 감정평가서의 '공부와의 차이'에서 집합건축물대장상의 정보와 현황이 일치하지 않는다고 적혀 있다.

(9) 공부와의 차이

본건은 집합건축물대장상 호도면 구조 및 면적과 실제 점유구조 및 면적이 상이한 바, 집합건축물대장상 호도면 및 도면상 면적(47.91㎡)을 기준으로 평가하였음.

(출처 : 감정평가서)

공부와 현황 정리

공부와 현황의 차이를 정리해보면 다음과 같다.

집합건축물대장	등기부등본	현황(현관문 표시)
102호		101호
101호		102호

현관문에 지하층 101호로 표시되었으나
집합건축물대장 도면상 지하층 102호

현관문에 지하층 102호로 표시되었으나
집합건축물대장 도면상 지하층 101호

(출처 : 감정평가서)

최고가 매수 신고인의 소유권 취득 여부

이 경우, 경매 절차에서의 매수인은 소유권을 취득할 수 있을까?

우선 '대법원 2013. 1. 17 선고 2010다71578 전원합의체 판결'에서 말하는 1동의 건물에 대해 구분소유가 성립하기 위한 3가지 요건을 확인해보자.

1동의 건물의 구분소유권이 성립하기 위한 3가지 요소

❶ 객관적·물리적 측면에서 1동의 건물이 존재

❷ 구분된 건물 부분이 구조상·이용상 독립성을 갖춤.

❸ 1동의 건물 중 물리적으로 구획된 건물 부분을 각각 구분소유권의 객체로 하려는 구분행위가 있어야 함.

여기서 구분행위는 건물의 특정 부분을 구분해서 별개의 소유권의 객체로 하려는 일종의 법률행위다. 처분권자의 구분 의사가 객관적으로 외부에 표시되면 인정되어서, 그 시기나 방식에는 제한이 없다.

위의 3가지 요건을 이 경매 사건에 적용해보자. 해당 경매 물건은 요건 ❶, ❷를 갖추고 있다. 요건 ❸과 관련해 구분행위의 존재가 인정되고 구분소유가 성립되는지가 쟁점이다.

이 경매 사건과 비슷한 사례를 다룬 '대법원 2019. 10. 17 선고 2017다286485 판결'에서는 다음과 같이 판단한다.

층마다 1호, 2호의 2개의 구분건물이 좌우로 위치하면서 면적과 구조가 동일한 세대로 되어 있는 한 동의 건물이 신축된 후 집합건축물대장을 만드는 과정에서 층별로 전유 부분 출입문에 표시된 호수가 뒤바뀐 건축물 현황도가 첨부되었고, 그 밖의 사항은 집합건축물대장과 부동산등기부 표제부의 기재가 일치했는데, 건물의 구분소유자들이 등기부 표제부의 건물번호와 일치하는 전유 부분 출입문 표시대로 구분건물에 관한 점유를 개시해 이를 기초로 모든 법률관계가 형성되어 오다가 층별로 각 호수의 건축물 현황도를 맞바꾸는 방법으로 집합건축물대장이 정정되었는데, 위 구분건물 중 등기부상 제2층 제1호를 경매 절차에서 매수한 갑 주식회사가 당초 건축물 현황도의 표시대로 특정되었던 구분건물의 소유권을 취득했다고 주장하면서 등기부상 제2층 제2호를 점유하고 있는 을을 상대로 건물인도 등을 구한 사안에서, 건물의 구분소유자들이 구분건물의 사용을 개시한 때부터 형성된 법률관계 등에 비추어 건물의 건축주는 출입문 표시대로 전유 부분을 구분했고, 다만 집합건축물대장 등록 신청 시 착오로 좌우 건물번호가 뒤바뀐 건축물 현황도를 첨부한 것으로 볼 수 있으며, 층별 각 호수의 전유 부분의 면적이 동일하기 때문에 출입문 표시와 집합건축물대장에 첨부된 건축물 현황도가 일치하지 않으면 등기부 기재만으로 어느 전유 부분이 몇 호인지를 구분할 수 없지만, **건물 건축주가 위와 같이 전유 부분을 구분한 것으로 볼 수 있는 이상 그러한 구분행위**에 상응해 **출입문 표시대로 구분건물이 구분소유권의 객체**가 되고, 그것이 **등기부에 반영**된 것으로 보아야 하며, 또한 **경매 절차에서 구분건물을 매매한 경우 매수인이 소유권을 취득하는 대상은 등기부가 표상하는 구분건물**이므로 갑 회사가 경매 절차에서 매수한 구분건물이 을이 점유하는 구분건물이라고 볼 수 없다고 함.

따라서 구분행위의 존재가 인정되고, 등기부가 표상하는 구분건물이자 해당 경매 물건인 102호에 대한 소유권을 취득한다.

수익으로 이어지는 경매 지식

1동의 건물에 대해 구분소유가 성립하기 위한 3가지 요건 중 '❷ 구분된 건물 부분이 구조상·이용상 독립성을 갖춤'의 '구조상·이용상 독립성'이란?

[구조상 독립성]
구조상의 구분에 의해 구분소유권의 객체 범위를 확정할 수 있는 것
물적 지배의 범위를 명확히 할 필요성 때문에 요구되는 것이므로 구조상의 구분에 의해 구분소유권의 객체 범위를 확정할 수 없는 경우에는 구조상의 독립성이 있다고 할 수 없으나, 다만 일정한 범위의 상가건물에 관해서는 구조상 독립성 요건을 완화한 집합건물의 소유 및 관리에 관한 법률(이하 '집합건물법'이라고 한다) 제1조의 2에 따라 경계를 명확하게 식별할 수 있는 표지를 바닥에 견고하게 설치하고 구분점포별로 부여된 건물 번호표지를 견고하게 부착함으로써 구분소유권의 객체가 될 수 있다.

[이용상 독립성]
그 자체만으로 독립해서 하나의 건물로서의 기능과 효용을 갖춘 것
구분소유권의 대상이 되는 해당 건물 부분이 그 자체만으로 독립해 하나의 건물로서의 기능과 효용을 갖춘 것을 말하는데, 이와 같은 의미의 이용상 독립성이 인정되는지는 해당 부분의 효용가치, 외부로 직접 통행할 수 있는지 여부 등을 고려해서 판단해야 한다. 특히 해당 건물 부분이 집합건물법 제1조의 2의 적용을 받는 '구분점포'인 경우에는 그러한 구분점포의 특성을 고려해야 한다.

간접점유의 함정 :
소멸시효가 진행되지 않게 만든다

(중앙5계 2008타경22437)

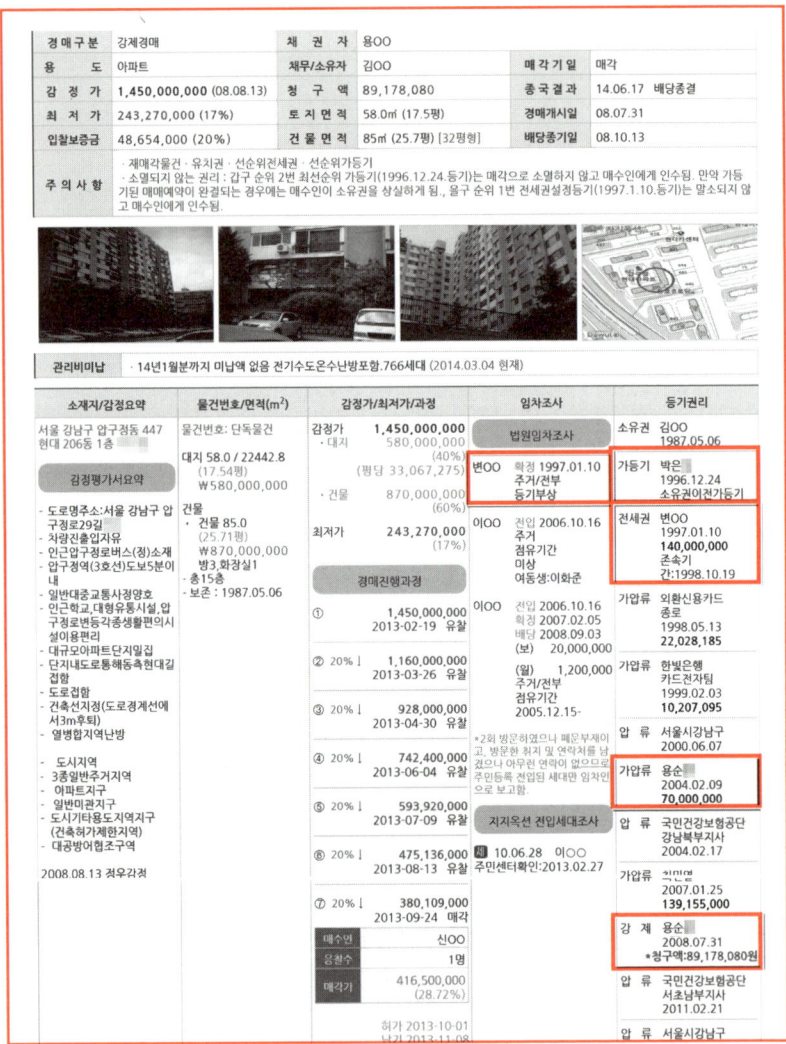

(출처 : 지지옥션)

선순위 소유권이전가등기와 선순위 전세권이 있다. 우선 선순위 소유권이전가등기를 확인해보자.

선순위 소유권이전가등기

【 갑 구 】		(소유권에 관한 사항)		
순위번호	등 기 목 적	접 수	등 기 원 인	권 리 자 및 기 타 사 항
1 (전 1)	소유권보존	1987년5월6일 제48263호		소유자 김광 　　서울 강남구 압구정동 447 현대아파트 206동

열람일시 : 2014년01월23일 09시13분56초　　　　3/7

[집합건물] 서울특별시 강남구 압구정동 447 현대아파트 제206동 제1층 제111호　　　　고유번호 1146-1996-030299

순위번호	등 기 목 적	접 수	등 기 원 인	권 리 자 및 기 타 사 항
2 (전 4)	소유권이전가등기	1996년12월24일 제93207호	1996년12월20일 매매예약	권리자 박은　450606-2****** 　　서울 서초구 잠원동 57 대림아파트 7동

| 13 | 2번가등기말소예고등기 | 2011년3월23일 제18133호 | 2011년3월10일 서울중앙지방법원에 소제기(2011가단82603) | |

열람일시 : 2014년01월23일 09시13분56초   5/7

[집합건물] 서울특별시 강남구 압구정동 447 현대아파트 제206동 제1층 제111호   고유번호 1146-1996-030299

순위번호	등 기 목 적	접 수	등 기 원 인	권 리 자 및 기 타 사 항
14	13번예고등기말소	2012년11월12일 제260982호	2011년10월10일 원고패소관결	
15	2-1번가처분등기말소	2013년12월20일 제40063호	2013년2월4일 취소결정(의정부지방법원 2012카단7034 가처분취소)	
16	압류	2013년2월25일 제44855호	2013년1월15일 압류(세무세외-963)	권리자 서울특별시강남구
17	압류	2013년7월10일 제175836호	2013년7월10일 압류(보험급여부-2950호)	권리자 국민건강보험공단 111471-0008863 서울특별시 마포구 독막로 (염리동) (서초남부지사)

【 을 구 】 (소유권 이외의 권리에 관한 사항)

순위번호	등 기 목 적	접 수	등 기 원 인	권 리 자 및 기 타 사 항
1 (전 3)	전세권설정	1997년1월10일 제1616호	1997년1월9일 설정계약	전세금 일억사천만원정 범 위 주택용 건물전유부분 건물표시전부 존속기간 1998년 10월 19일 반환기 1998년 10월 19일 전세권자 변회 520214-2****** 서울 강남구 압구정동 447 현대아파트 206-
1-1				전3번 등기는 건물만에 관한것임

(출처 : 등기부등본)

　등기부 갑구의 순위번호 13번과 14번을 보면, 가등기말소예고등기가 되었다가 원고패소판결로 그 예고등기가 말소되었다. 해당 소송의 원고는 전남편의 채권자 용순○이다. 피고는 이혼 중인 부인이자 가등기권자 박은○이다.

　원고(채권자 용순○)는 선순위 가등기를 말소하기 위한 주장과 근거를 내세웠다. 그러나 법원은 이를 받아들이지 않아 원고가 패소했다. 판결문으로 확인한 원고의 주장 및 근거와 법원의 판단은 다음과 같았다.

판결문 분석

 "제척 기간 10년 경과로 선순위 가등기가 소멸했다."

근거로 내세운 법리 : 매매예약완결일부터 제척 기간이 진행되는데, 매매예약완결권 행사 시기를 약정하지 않았다면, 매매예약체결일부터 10년 시점에 제척 기간 경과로 소멸한다.

"1997년 12월 22일에 매매예약완결권이 행사되어 매매계약이 성립했다."

판단근거 : 매매예약서에 예약완결 의사표시 간주일이 명시되어 있으면, 그 시점에 매매예약완결권이 행사되어 매매계약이 성립한다. 이 사건에서 1997년 12월 21일이 경과됨으로써 별도의 매매예약완결 의사표시가 없어도 당연히 매매가 완결된 것으로 본다는 내용의 부동산 매매예약계약서가 존재한다.

 **"매매예약완결일인 1997. 12. 22로부터 10년의 소멸시효가 완성되어 가등기가 소멸되었다."**

근거로 내세운 법리 : 가등기가 보전하는 소유권이전등기청구권은 채권적 청구권이므로 이를 행사할 수 있는 때인 매매예약완결일로부터 10년의 시효완성으로 소멸된다.

"선순위 가등기권자의 간접점유로 소멸시효가 중단되었다."

판단 근거 : 선순위 가등기권자가 목적 부동산을 인도받아 점유하고 있는 경우, 소유권이전등기청구권의 소멸시효가 진행되지 않는다. 이때, 점유는 직접점유든 간접점유든 불문하고 소멸시효가 진행되지 않는다. 만약 점유자가 도중에 점유를 상실하면 그로부터 10년이 지나야 소유권이전등기청구권의 소멸시효가 완성된다.

목적 부동산이 이혼 중인 전남편 명의라서 피고인 가등기권자(이혼 중인 부인)가 전남편 명의로 임차인과 임대차계약을 했다. 따라서 피고는 간접점유 중이라 소유권이전등기청구권의 소멸시효가 진행되지 않았다.

선순위 전세권

다음으로 선순위 전세권을 확인해보자. 본건의 선순위 전세권자는 경매를 신청하지 않고, 배당요구도 하지 않았으므로 낙찰자는 이 선순위 전세권을 인수해야 한다. 선순위 전세권자가 개인이면 전입신고 여부와 배당요구 여부에 따라 미배당 보증금의 인수 여부가 달라진다. 전입신고를 한 경우, 미배당 보증금은 낙찰자가 인수해야 한다. 전입신고를 안 한 경우는 배당요구를 했다면 소멸하고, 배당요구를 하지 않았다면 미배당 보증금은 낙찰자가 인수해야 한다.

이 사례의 선순위 전세권자는 개인이면서·전입신고를 안 했고, 배당요구를 하지 않았다. 따라서 선순위 전세권자의 미배당 보증금을 낙찰자가 인수해야 한다.

존속기간이 지난 전세권은 법정갱신된 것으로 보는데, 이때는 존속기간을 정하지 않은 것으로 보고 존속기간을 1년으로 의제한다. 낙찰자는 전세권자에게 소멸을 통고할 수 있고, 소멸통고 후 6월이 경과하면 전세권은 소멸한다.

고수익 투자 꼼수 : 공유지분 가등기 수법

(의정부5계 2016타경 702389, 의정부16계 2017타경78069)

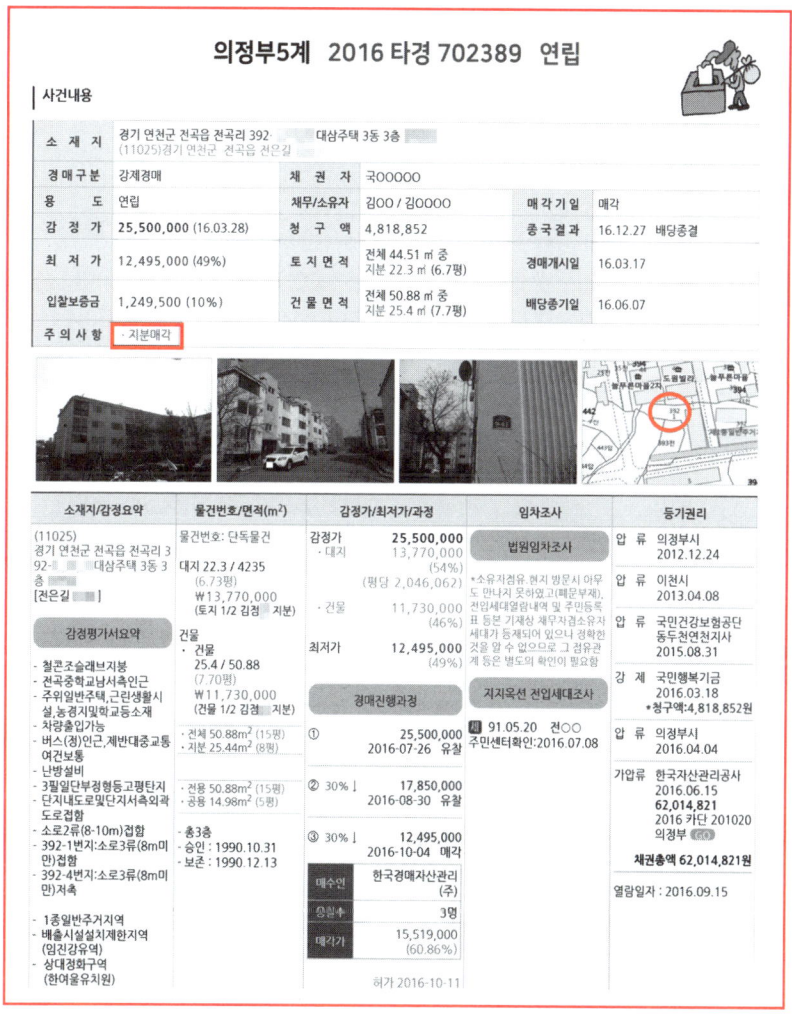

(출처 : 지지옥션)

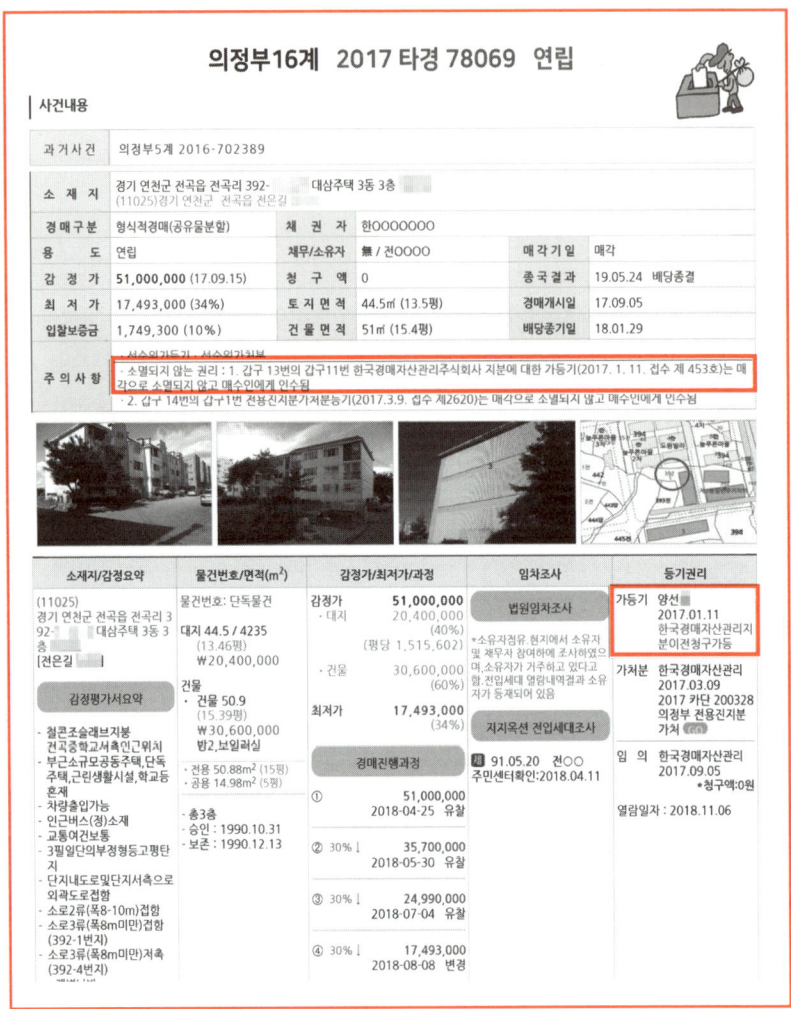

(출처 : 지지옥션)

    2016타경702389을 지분매각에서 지분 낙찰 후, 대금 분할을 명한 공유물 분할 판결을 받아 2017타경78069로 형식적 경매를 진행한 사건이다. 그런데 형식적 경매(공유물 분할) 2017타경78069의 주의사항에 선순위 가등기가 매수인에게 인수된다는 문구가 있다. 등기부를 확인해보니, 공유지분 낙찰자의 지분에 소유권이전청구권가등기가 최선순위로 설정되어 있다.

11	4번김점■지분전부이전	2016년12월19일 제15474호	2016년11월22일 강제경매로 인한 매각	공유자 지분 2분의 1 한국경매자산관리주식회사 150111-0225181 충청북도 청주시 청원구 상당로243번길 5, ■ (우암동)
12	5번압류, 6번압류, 7번압류, 8번강제경매개시결정, 9번압류, 10번가압류 등기말소	2016년12월19일 제15474호	2016년11월22일 강제경매로 인한 매각	
13	11번한국경매자산관리주식회사지분전부이전청구권가등기	2017년1월11일 제453호	2016년12월23일 매매예약	가등기권자 지분 2분의 1 양선■ 601017-******* 대전광역시 동구 우암로109번길 13, ■ (삼성동)

(출처 : 등기부등본)

만약 나중에 그 지분에 설정된 소유권이전청구권 가등기가 본등기가 되면 형식적 경매의 낙찰자는 그 지분에 관한 소유권을 상실하게 된다. 이러한 위험성 때문에 여러 차례 유찰되고 낙찰가가 떨어진다.

공유지분 가등기 수법

경공매에서 대박 투자는 괜찮은 물건을 저가에 낙찰받아 큰 시세차익을 얻는 것이다. 그런데 누가 봐도 괜찮고 누구에게나 안전한 물건은 경쟁률이 높아 저렴하게 낙찰받을 수 없다. 그렇다면 '다른 사람에게만' 위험한 물건으로 꾸며내서, 낙찰가가 많이 떨어지게 만들면 어떨까? 그 비밀을 알고 있는 나는 저가에 단독으로 낙찰받아 큰 시세차익을 얻을 수 있을 것이다. 이번 사례의 선순위 가등기가 그 수법에 해당된다. 우선 공유물 분할 소송 시 대금 분할 판결이 내려질 것 같은 공유지분을 낙찰받아 취득한다. 그 후 공유물 분할 소송을 해 대금 분할을 명한 공유물 분할 판결을 받는다. 낙찰자의 공동 투자자가 낙찰자의 지분에 매매예약에 의한 최선순위 소유권이전청구권 가등기를 설정한다. 이때 매매계약과 매매대금이 오간 증거를 만들어 가등기말소청구 소송에 대비한다.

형식적 경매를 신청해 경매가 진행되면, 형식적 경매의 낙찰자는 일부 지분에 설정된 최선순위 소유권이전청구권 가등기를 인수해서 일부 지분에 대한 소유권을 상실하게 된다. 이로써 낙찰자, 공동 투자자 외의 다른 사람들에게는 위험한 물건이 되었다. 함께 짜고 치는 공동 투자자가 단독으로 저가 낙찰받는다.

만약 위 수법을 깨뜨릴 수 있으면 어떨까? 선수 쳐서 저가에 낙찰받은 후, 가등기말소청구 소송을 통해 승소해 소유권을 지켜낸다면 고수익 투자가 된다.

대법원 2021. 3. 11 선고 2020다253836 판례로 인해, 위 수법을 깨뜨릴 방법이 생겼다.

> 최근 대법원은 "대금 분할을 명한 공유물 분할 판결의 변론이 종결된 뒤(변론 없이 한 판결의 경우에는 판결을 선고한 뒤) 해당 공유자의 공유지분에 관하여 소유권이전청구권의 순위보전을 위한 가등기가 마쳐진 경우, 대금 분할을 명한 공유물 분할 확정 판결의 효력은 민사소송법 제218조 제1항이 정한 변론종결 후의 승계인에 해당하는 가등기권자에게 미치므로, 특별한 사정이 없는 한 위 가등기상의 권리는 매수인이 매각대금을 완납함으로써 소멸한다"라는 이유로, "경매 절차의 매수인이 소유권에 기한 방해배제청구권 행사의 일환으로 가등기권자를 상대로 가등기의 말소를 구할 수 있다"라고 판결했다(대법원 2021. 3. 11 선고 2020다253836 가등기말소 (차) 파기 환송 판결).

즉, 대금 분할 명한 공유물 분할 판결이 변론종결된 후에 소유권이전청구권 가등기를 하거나, 변론 없이 판결이 난 경우에는 판결이 선고된 후에 소유권이전청구권 가등기를 했으면 가등기를 소멸시킬 수 있다.

다만 소유권이전청구권 가등기를 한 후에 공유물 분할 소송을 제기하거나, 공유물 분할 소송 진행 중에 변론종결 전까지 소유권이전청구권 가등기를 하면 이러한 대법원 판례가 적용되지 않아서 깨뜨릴 수 없다.

현장 조사를 생략할 수 있는 눈썰미

(홍성4계 2016타경1406, 2016타경17463, 2018타경1752)[7]

3건의 경매가 진행된 물건이다. 2016타경1406, 2016타경17463의 낙찰자들은 낙찰받은 후 당초의 계획대로 수익 실현이 안 되자 공정증서로 강제경매를 진행해서 매각했다.

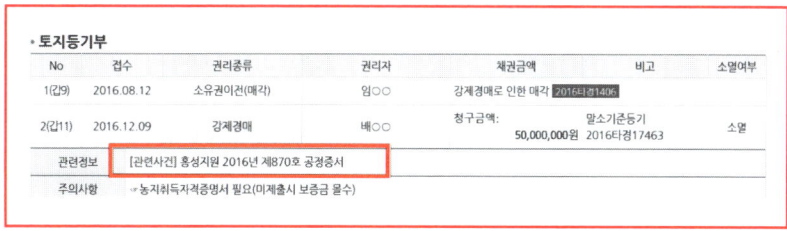

(출처 : 옥션원)

2016타경17463의 낙찰자는 과거와 당시의 본건 사진을 꼼꼼하게 비교 체크했다면, 이런 불상사를 피할 수 있었다.

3건의 경매 사건을 시간순으로 살펴보자. 제일 먼저 진행된 것 2016타경1406이다.

---

7) 네이버 카페 '경공매를 통한 부자 클라이밍(구 돈쭐경매)', https://cafe.naver.com/donzzul22/541

(출처 : 지지옥션)

실패로 돌아간 낙찰자의 그럴싸한 계획

낙찰자는 감정가 12,432,000원 대비 높게 낙찰받았다. 본건은 인접 필지 지상의 주택 부지(마당으로의 주 출입구, 주택의 돌출현관)로 이용 중이기 때문에, 높게 낙찰받더라도 이해관계인에게 재매도할 수 있으리라는 자신만의 확신이 있었던 듯하다.

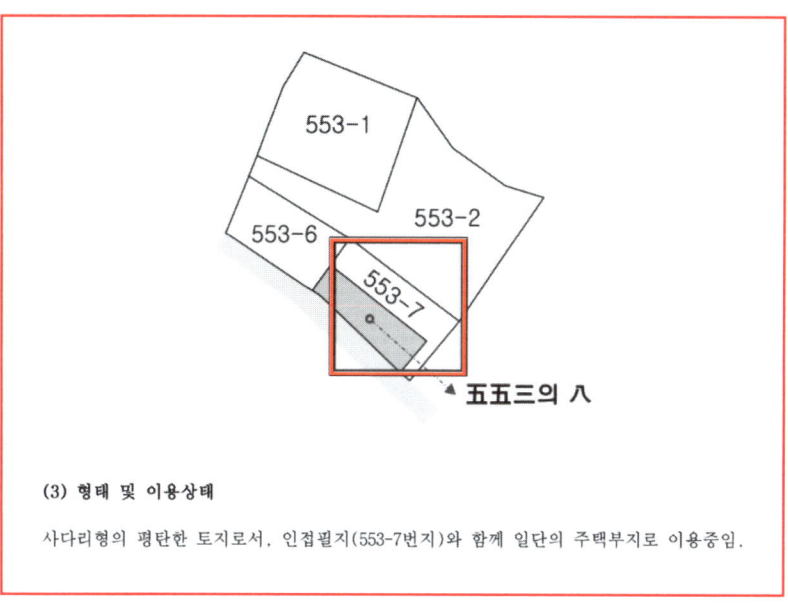

(출처 : 감정평가서)

결과적으로 그릇된 확신이었지만 말이다.

투자 손실 막는 실전 팁

특수경매 대상 물건이 이해관계인 입장에서 매수 필요성이 크더라도, 감정가나 신건 최저가 대비 적당한 가격에 낙찰받아야 한다. 그래야 내가 어느 정도 수익을 남기면서도 이해관계인이 납득할 만한 재매도가격을 제시할 수 있고, 매도 협상이 원활하게 이루어질 수 있기 때문이다.

상식적으로 생각해보라. 시장에서 사고 싶은 마음이 들거나 혹은 필요한 물건이라 물건을 집어 얼마냐 물어봤을 때, 납득하기 어려울 만큼 높은 가격을 부르면 '안 사고 만다'라는 마음이 욱하고 치밀어 오른다.

과욕이 부른 참사

인접 필지 지상의 주택주도 그런 마음이 욱하고 치밀어 올랐는지, 본건 지상의 마당으로의 주 출입구와 주택의 돌출현관을 없애고, 본건 옆으로 시멘트 포장 진입로를 냈다. 이해관계인에게 재매도하기 위한 협상카드가 사라진 것이다. 이제 이 물건은 건물 소유자 외의 제3자는 사면 안 되는 물건이 되었다.

이에 대한 단서는 현장 조사를 가지 않더라도 2016타경17463 물건 사진을 꼼꼼하게 확인하고, 이전에 진행되었던 2016타경1406의 물건 사진과 비교·분석해보았다면, 충분히 발견해낼 수 있었다. 그러나 그러지 않은 누군가가 2016타경17463에서 해당 물건을 낙찰받았고, 이해관계인 재매도에 실패해 공정증서에 의한 강제경매로 매각을 꾀했다.

(출처 : 옥션원)

(출처 : 옥션원)

　경공매 투자자는 입찰 전 현장 조사를 게을리하지 않는 자세가 필요하다. 다만 물건 사진을 꼼꼼하게 살핌으로써 현장 조사를 갈 필요도 없는, 즉 입찰하면 안 되는 물건을 걸러낼 수 있다. 이러한 단서는 등기부, 물건 사진, 현장 곳곳에 숨어 있다. 경공매 투자자로 성공하기 위해서는 단서를 찾아내는 꼼꼼하고 예리한 눈썰미를 갖춰야 한다.

공매가 진행 중인 땅에 무덤이 늘어났다
(2017-01808-001)

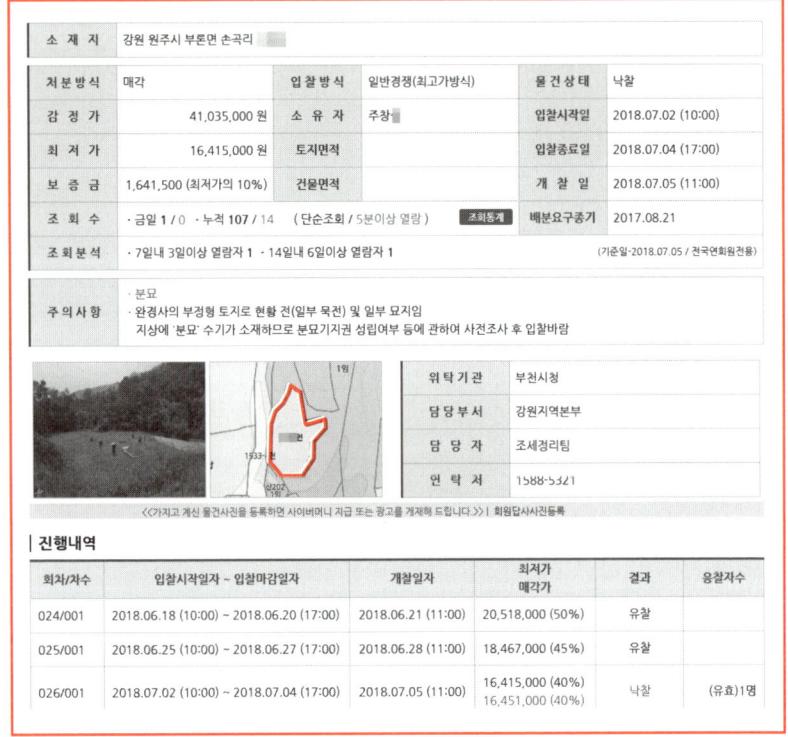

(출처 : 지지옥션)

분묘가 소재하는 경우 토지의 가치가 하락한다. 분묘기지권 성립 여부, 분묘의 개수, 분묘가 토지 전반에 산재해 있는지, 혹은 일부에 집중되어 있는지 등에 따라 가치 하락 정도가 결정된다.

본건은 감정평가 당시 지상에 2기의 분묘가 있었다.

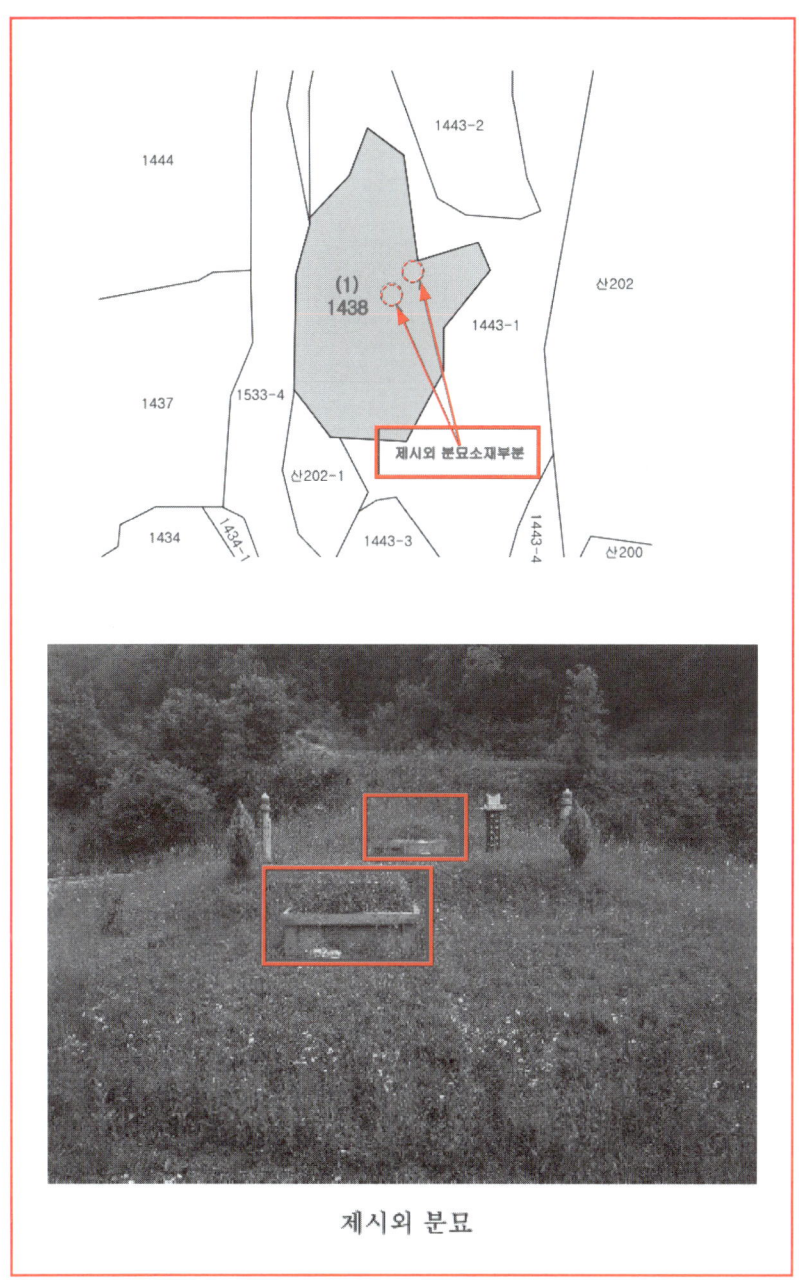

제시외 분묘

(출처 : 감정평가서)

현장 조사의 중요성

그런데 입찰 전 현장 조사를 가보니 분묘가 하나 더 늘어나 총 3개의 분묘가 있었다. 즉, 공매가 진행 중임에도 분묘가 하나 더 설치된 것이다.

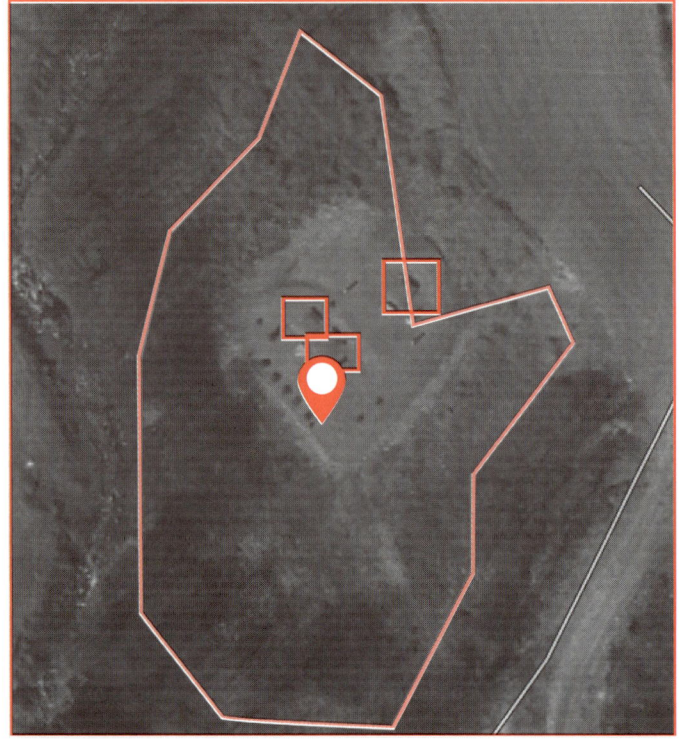

(출처 : 카카오맵)

입찰 전 현장 조사에서 분묘의 개수가 감정평가 당시보다 늘어났으니, 2개의 분묘를 감안해 저감해서 감정평가한 감정평가서 '제시 외 분묘 감안 시 단가'는 고평가되었음을 알 수 있었다.

(토지)감정평가 명세표

일련번호	소재지	지번	지목/용도	용도지역/구조	면적(㎡) 공부	면적(㎡) 사정	감정평가액 단가(원/㎡)	감정평가액 금액(원)	비고
1	강원도 원주시 부론면 손곡리	▇▇▇	전	생산관리지역	1,415	1,415	29,000	41,035,000	제시외 분묘 감안시 단가: @28,000
	합계							₩41,035,000.-	

- 이 하 여 백 -

(출처 : 감정평가서)

분묘 1기가 더 늘어남으로써 감정평가서 '제시 외 분묘 감안 시 단가'가 고평가되어 있다는 점, 공매 중 분묘가 더 늘어났다는 것은 이해관계인에게 해당 토지가 꼭 필요하다는 방증이라는 점을 반영해 입찰가를 산정하고 입찰 후 낙찰받았다.

입찰 전 현장 조사를 통해 분묘의 개수가 늘어난 것을 발견한 게 투자 성공의 핵심이었다. 경공매 투자에서 현장 조사가 중요하다는 것, 경공매 투자자라면 현장 조사를 습관화하는 태도를 가져야 한다는 교훈을 준다.

아파트를 둘러싼 송전탑 : 현장 조사의 중요성

(인천22계 2014타경3735)

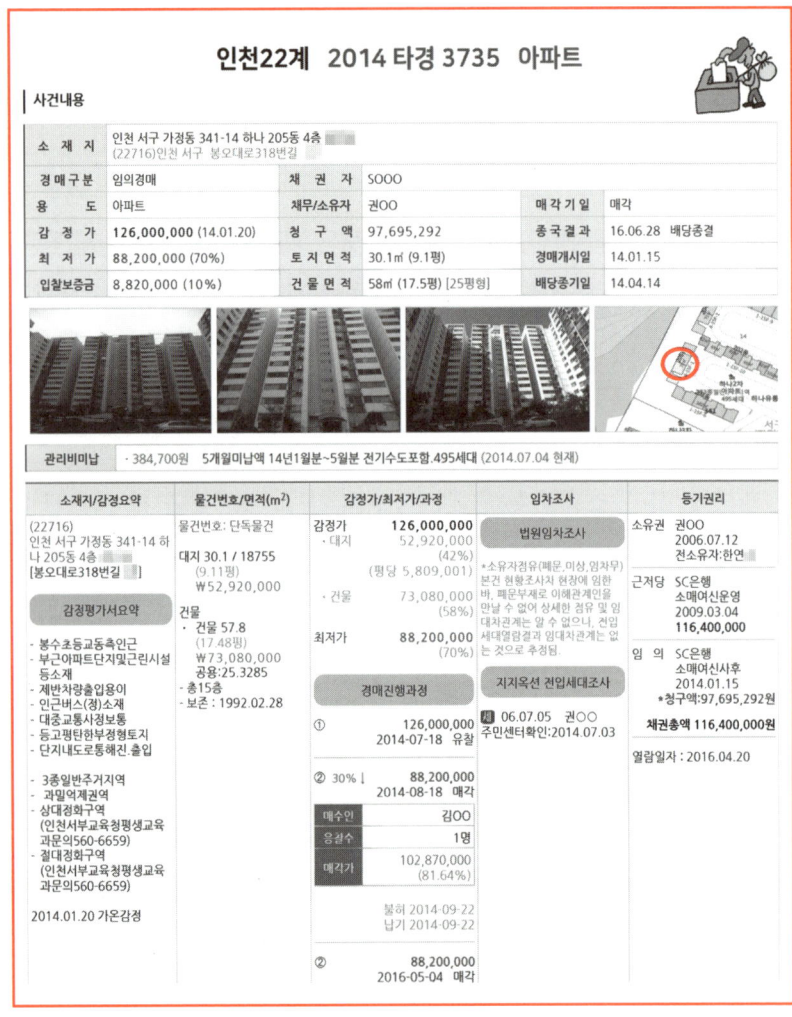

(출처 : 지지옥션)

거주용 부동산 경매 입찰을 위한 현장 답사에서 현장 시세 조사, 입지, 아파트 동·호수 등의 외관에 치중하는 경우가 있다. 그러나 경공매 투자자는 권리분석을 할 때나 현장 조사 시에도 넓은 시야와 꼼꼼한 눈썰미를 모두 갖춰야 한다.

해당 경매 물건은 현장 조사를 통해 아파트 인근에 여러 개의 송전탑이 있다는 것을 알아냈다. 아파트와 송전탑의 거리감은 현장 조사를 가본 사람만이 느낄 수 있다. "송전탑이 떡하니 있네"라는 말이 절로 나왔다.

(출처 : 지지옥션)

현장 조사를 가보지 않더라도 인근에 송전탑이 있다는 정보를 알아낸 경우도 있을 것이다. 그러나 인근에 송전탑이 있다는 것을 단순히 아는 것과 현장 조사를 통해 직접 보고 느끼는 것은 확연히 다르다. 그것은 입찰 여부 결정과 입찰가 산정에 영향을 끼친다. 아파트 인근에 송전탑이 있다는 것을 몰랐던 사람, 알았으나 현장 조사를 가보지 않은 사람, 현장 조사를 통해 알고 체감한 사람, 각자 입찰 여부와 입찰가 결정에서 큰 차이가 났을 것이다. 경공매 투자로 성공하기 위해서는 현상 조사를 게을리하지 않는 부지런함, 넓은 시야와 꼼꼼한 눈썰미가 필요하다.

차 안에서 경쟁자를 파악해 입찰가를 결정했다

(상주2계 2017타경3248)

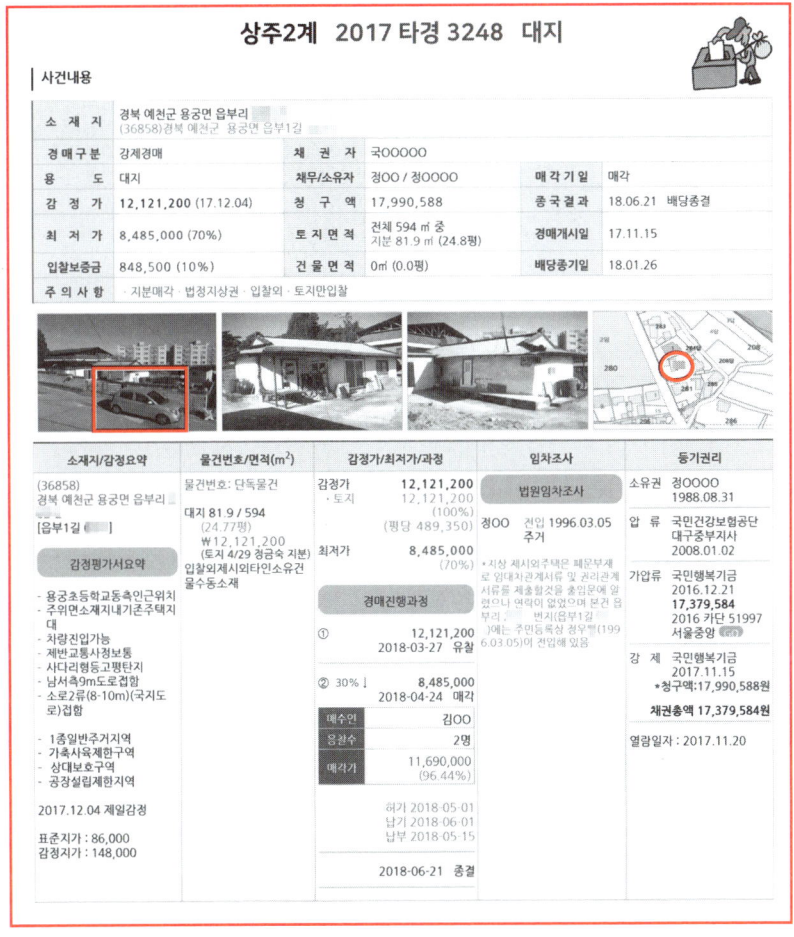

(출처 : 지지옥션)

소액 특수경매, 그들만의 리그

판이 좁은 소액 특수물건 경매를 오래 하면, 법원에서 자주 마주쳐 낯익은 소액 특수물건 투자자들이 생긴다. 입찰하러 간 법원에서 낯익은 얼굴이 보이면 내가 입찰할 물건에 입찰하러 왔다고 생각해도 무방하다. 입찰 경쟁자인 것이다. 그 상대방도 내 얼굴을 알고 있을 것이다. 만약 내가 입찰하러 왔다는 게 상대방에게 알려지면, 상대방은 낙찰받기 위해서 입찰가를 높일 수도 있다. 따라서 경쟁자를 파악하되, 경쟁자에게 나를 알려서는 안 된다. 입찰을 간다면 입찰 종료 직전까지 차량에서 낯익은 소액 특수물건 투자자들이 있는지 살펴보는 게 좋다.

이 사례의 경매 물건을 입찰하러 법원에 간 날, 낯익은 소액 특수물건 투자자가 온 것을 보고 같은 물건의 입찰 경쟁자임을 직감해 입찰가를 당초 계획보다 조금 더 높였다. 그 결과, 낙찰받을 수 있었다.

투자 손실 막는 실전 팁

공유지분물건의 현장 조사 시, 물건지 현장에 있는 차량을 기록하길 바란다. 입찰일 법원에 물건지 현장에서 봤던 차량이 있다면 공유자 우선매수를 하러 왔을 수도 있기 때문이다. 현장 조사를 생략했다면 물건 사진을 자세히 보자. 물건 사진에 이해관계인의 차량이 나와 있을 수도 있다.

입찰 방식으로 절세하기 :
공동입찰, 단독입찰

(동부산 2006타경24)

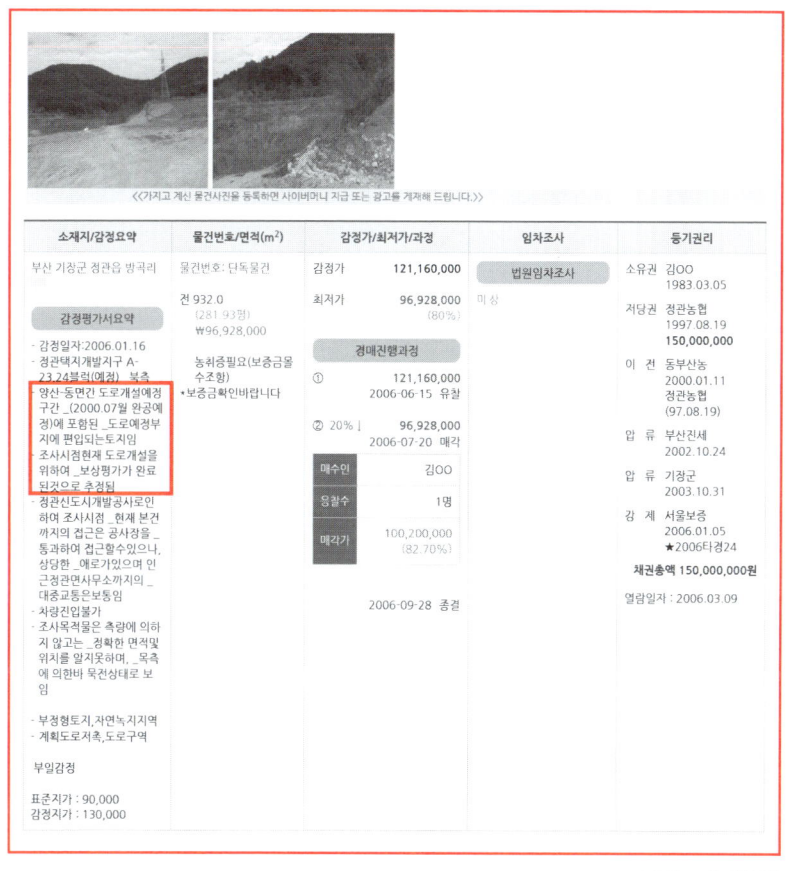

(출처 : 지지옥션)

양도소득자별로 양도소득세 과세표준을 계산할 때, 양도차익에서 연 1회 250만 원을 공제해준다. 토지, 건물, 부동산에 관한 권리 및 기타자산의 양도소득금액(미등기양도자산 제외)에 대해서 1인당 연 1회 250만 원까지 공제받을 수 있다. 수년간 보유한 부동산을 양도한 경우나 당해 연도에 여러 건의 부동산을 양도한 때에도 연간 1회만 된다. 거주 여부 상관없이 적용된다.

수익으로 이어지는 경매 지식

이를 전략적으로 활용해 절세하는 방법은 다음과 같다.

❶ 한 해(1월 1일~12월 31일)에 여러 부동산에 양도소득금액이 있다면, 제일 먼저 양도한 부동산의 양도소득금액에서 250만 원이 공제된다. 양도소득금액이 250만 원보다 적더라도 그 금액만큼만 공제받을 수 있기 때문에, 양도소득금액이 250만 원 넘는 부동산을 당해에 제일 먼저 판다.

만약 어느 부동산을 먼저 양도했는지 불분명하면 납세자에게 유리한 쪽으로 양도소득금액 기본공제가 된다.

❷ 연말쯤에 2개의 부동산을 매도하는 경우, 2개의 부동산 각각 양도소득금액이 발생할 것으로 예상된다면, 2개의 부동산 잔금일 연도를 다르게 한다. 예컨대 1건은 12월 31일, 다른 1건은 1월 1일로 하는 것이다.

양도소득 기본공제는 연간 1회이기 때문에, 그렇게 해야 2개의 부동산 각각 250만 원씩 공제받을 수 있다.

❸ 다수가 공동 보유한 부동산을 매도해 양도소득금액이 발생하면, 그 양도소득금액에 다수의 보유자 각각이 받을 수 있는 250만 원 공제

를 모두 적용할 수 있다. 즉, 공동 보유자 수 X 250만 원만큼 공제된다.

입찰 전, 절세 전략 세우기

이 사례의 본건은 낙찰로 취득하자마자 매도(수용)되어 보상금이 지급되는 토지다. 단기 매도로 인한 높은 양도소득세율로 양도소득세 부담이 크다. 본건은 5~6명이 공동입찰하면, 앞의 3번 전략으로 양도소득세를 절세할 수 있다. 더구나 단기 매도가 예정되어 공동 투자 시 투자금에 대한 위험도가 적으니, 공동 투자를 하는 게 일거양득인 물건이다.

절세와 공동 투자의 위험성을 종합적으로 고려해 입찰 방식을 결정하자.

차순위 매수 신고
(춘천4계 2018타경52913)

(출처 : 지지옥션)

매수인 이름 아래에 '차순위 신고자'라고 적혀 있다. 최초매수인의 대금 미납으로 차순위 신고자가 최종매수인이 되어 있다고 설명되어 있다.

경공매에는 차순위 매수 신고 제도가 있다.

차순위 매수 신고 제도란?

민사집행법 제114조(차순위 매수 신고)
① 최고가 매수 신고인 외의 매수 신고인은 매각기일을 마칠 때까지 집행관에게 최고가 매수 신고인이 대금 지급 기한까지 의무를 이행하지 아니하면 자기의 매수 신고에 대하여 매각을 허가하여 달라는 취지의 신고를 할 수 있다.
② 차순위 매수 신고는 신고액이 최고가 매수 신고액에서 그 보증액을 뺀 금액을 넘는 때에만 할 수 있다.

최고가 매수 신고인 이외의 입찰자 중 '최고가 매수 신고 금액 - 입찰보증금'을 초과해 입찰한 사람만이 차순위 매수 신고 자격이 있다. 주의할 점은 '최고가 매수 신고 금액 - 입찰보증금' 이상이 아니라, 초과해야 한다는 것이다.

차순위 매수 신고인 자격을 갖춘 자는 집행관이 그 경매 사건을 종결한다는 종결 선언 전까지 손을 들어 차순위 매수 신고를 하겠다고 알려야만 차순위 매수 신고인이 된다. 만약 차순위 매수 신고인이 여러 명이라면, 그중 입찰가가 제일 높은 사람이 차순위 매수 신고인이 된다. 차순위 매수 신고인들의 입찰가가 같다면 추첨으로 정한다.

차순위 매수 신고에는 장단점이 있다. 장점은 최고가 매수 신고인이 매각 잔금을 납부하지 않은 경우, 재매각에서 입찰 경쟁을 할 필요 없이 차순위 매수 신고인으로서 자동으로 낙찰받을 수 있다는 것이다.

단점은 최고가 매수 신고인의 잔금 납부 이후에 반환받을 수 있기 때문에 그 기간 동안 보증금이 묶인다는 것이다. 차순위 매수 신고인이 최종 매수인이 되었을 때 잔금을 납부하지 않으면 보증금이 몰수되니 주의하자.

참고로 최고가 매수 신고인에 대한 매각불허가 결정이 내려지면, 차순위 매수 신고인에게 매각 허가결정을 내리지 않고 새 매각을 실시한다.

> **대법원 2011. 2. 15 자 2010마 1793 결정**(매각불허가결정에 대한 이의)
> 부동산에 대한 강제경매 절차에 있어서 최고가 매수 신고인에 대한 매각이 불허된 경우에는 민사집행법 제114조 소정의 차순위 매수 신고 제도에 의한 차순위 매수 신고인이 있다고 하더라도, 그에 대하여 매각 허가결정을 하여서는 안 되고, 새로 매각을 실시하여야 한다.

공유자우선매수 제한
3가지 사례

공유지분이 경공매될 경우, 기존 공유자는 공유지분을 우선으로 매수할 기회인 공유자 우선매수권이 있다. 우선매수 신고 및 보증을 제공하면 공유자 우선매수권을 행사할 수 있다. 다만 공유자여도 공유자 우선매수권 자격이 제한되는 경우가 있다.

3가지 사건을 통해 공유자 우선매수 청구가 제한되는 실전 사례를 살펴보자. 공유자 우선매수 청구가 제한되는 경우는 다음과 같다.

수익으로 이어지는 경매 지식

공유자 우선매수 청구 제한
① 공유물 분할 경매의 경우
② 경매 개시 결정 등기 이후에 공유지분을 취득하는 경우. 다만, 권리신고를 해서 이해관계인에 해당하는 경우는 가능
③ 구분소유적 공유관계인 경우
④ 형식적 경매로 진행되는 경우
⑤ 일괄 매각으로 진행되는 경매 물건 중 일부의 공유자
⑥ 경매 신청을 받은 당해 공유자(채무자)
⑦ 채무자(지분권자)의 상속인이자 별도의 지분권자

공유자의 특권, 공유자우선매수 제한 1

(남원 21017타경1633)

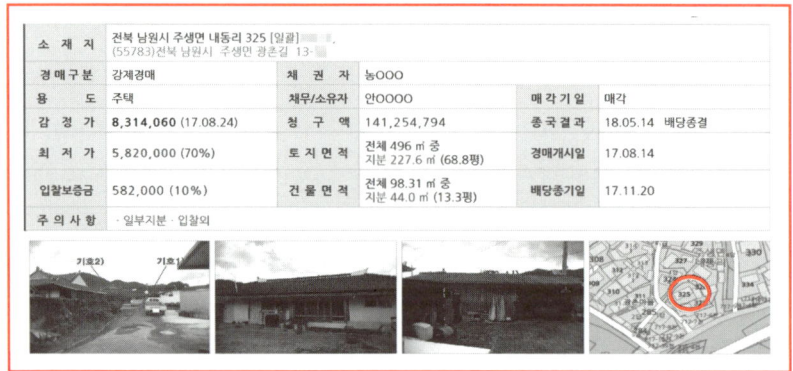

(출처 : 지지옥션)

첫 번째 사례다. 일괄 매각으로 진행되고, 토지와 건물 지분 물건이다. 다소 복잡한 토지와 건물의 공유자와 채무자를 정리하면 다음과 같다.

앞의 그림에서 공유자에 해당되는 사람은 공유자 우선매수 청구의 제한 중 '일괄 매각으로 진행되는 경매 물건 중 일부의 공유자'에 해당되어 공유자 우선매수 신청 자격이 없다. 일괄 매각으로 진행되는 경매 물건인 건물, 토지 325, 토지 325-1 중 일부 물건인 토지 325만 공유하고 있는 윤○애는 공유자 우선매수를 할 수 없다. 그런데 토지 325의 공유자 윤○애는 공유자 우선매수 신청 자격이 없음에도 매각 당일 공유자 우선매수 청구를 했다. 당시 집행관이 이를 인지해서 윤○애의 공유자 우선매수 신청이 거부되었다.

공유자의 특권, 공유자우선매수 제한 2
(대전 2015타경19063)

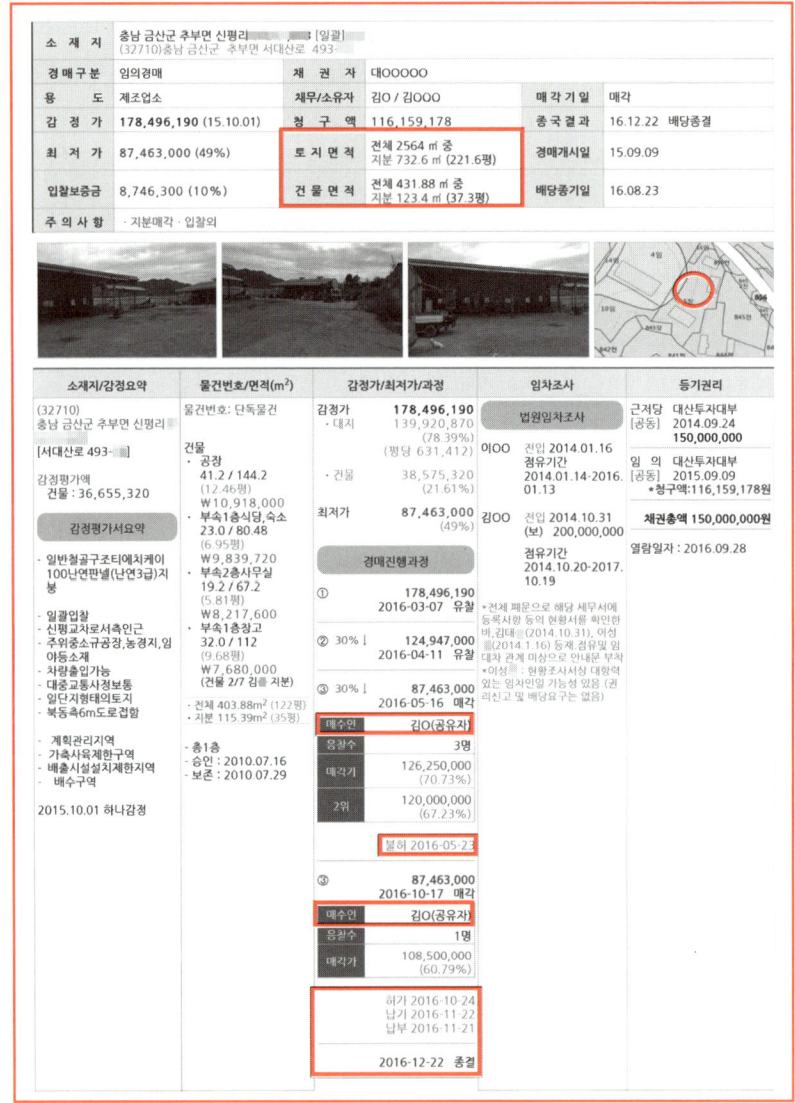

두 번째 사례다. 이 사례의 공유자 우선매수 신고자는 공유자 우선매수 청구의 제한 중 '채무자(지분권자)의 상속인이자 별도의 지분권자'에 해당된다. 쉽게 말하면, 또 다른 지분권자이면서 채무자의 상속인이라 공유자 우선매수 자격이 없었다.

그런데 의아한 점이 있다. 첫 번째 매각기일에서는 매각불허가결정이 되었으나, 같은 공유자가 두 번째 매각기일에서 공유자 우선매수 신고를 했는데, 이때는 매각 허가결정이 되었다. 그 이유를 추적해보자.

우선 이 경매 사건은 일괄 매각으로 진행되고, 토지와 건물 지분 물건이다. 본건의 등기부로 분석해낸 사건 경위를 정리하면 다음과 같다.

사건 경위

2011.03.04	2015.09.09	2015.11.09	2016.05.16
남편의 사망으로 아내 김○ 3/7 상속		채무자 김범○ 2/7의 상속인 (공유자우선매수 신청 자격 없어짐)	첫 번째 매각기일에 공유자우선매수 신고해서 낙찰. 법원에서 뒤늦게 자격이 안 되는 것을 알고 불허가결정
아들 김범○ 2/7 상속	김범○ 2/7 채무자로 경매 진행 (~2015.11. 09 사이 아들 사망)	채권자가 김범○의 사망을 뒤늦게 알고 엄마 김○을 상속인으로 대위등기	
딸 김민○ 2/7 상속			

김○은 첫 번째 매각기일에서 '채무자(지분권자)인 아들 김범○의 상속인이자 별도의 지분권자'에 해당되어 공유자 우선매수 청구에 제한을

받자, 자신을 상속인으로 대위등기한 채권자와 접촉한 것으로 추측된다. 채권자가 신청 착오를 이유로 상속인을 정정해서, 상속인 지위에서 벗어난 김○이 공유자 우선매수 자격을 얻어냈다. 협의 상속으로 시어머니 김순○가 채무자 김범○의 상속인이 되어야 하는데, 채권자의 신청 착오로 법정상속에 따라 엄마인 김○이 상속인이 되었다고 주장한 것이다. 그 후, 김○은 두 번째 매각기일에서 공유자 우선매수 신고를 하고 매각 허가 결정을 받았다.

만약 두 번째 매각기일의 최고가 낙찰자가 공유자 우선매수 제한 사유를 잘 알고, 등기부 분석을 철저하게 했다면, 입찰법정에서 집행관에게 이의제기를 해서 받아들여지는 경우, 낙찰받을 수 있었을 것이다.

공유자의 특권, 공유자우선매수 제한 3 : 매매로 취득한 지분권자는 허용
(2020-10391-002)

(출처 : 지지옥션)

부동산 지분이 경매로 진행될 경우, '민사집행법 140조(공유자의 우선매수권)'에는 최고가 매수 신고인이 있더라도 공유자가 우선매수청구를 하는 경우 공유사에 우선권을 준다고 규정하고 있다.

본건의 등기부 갑구 27번을 보면, 공유자 중인 한 명인 송○영 씨가

2019년에 일반 매매를 통해 송○영 씨의 단독 소유가 되었다.

순위번호	등기목적	접수	등기원인	권리자 및 기타사항
				2019년2월13일 부기
24	16-1번공매공고등기말소	2017년4월13일 제10387호	2016년3월17일 공매취소공고	
25	16번압류등기말소	2017년6월28일 제18770호	2017년6월27일 해제	
26	12번압류등기말소	2018년9월3일 제24108호	2018년8월29일 해제	
27	소유권이전	2019년2월13일 제4147호	2019년1월23일 매매	소유자 송■영 600617-******* 경기도 의왕시 포일세거리로 23, 101동 ■■■호 (포일동, 포일숲속마을) 거래가액 금100,000,000원

(출처 : 등기부등본)

그런데 공유자였던 송○영이 일반 매매로 단독 소유를 하기 이전에 다른 공유자 지분에 압류가 있었고(갑구 13, 14, 17, 18번), 그 압류로 인해 해당 지분은 공매로 지분매각이 진행되었다.

13	5번송은미지분압류	2013년2월19일 제4700호	2013년2월18일 압류(부가가치세과-1022)	권리자 국 처분청 중부세무서
14	5번송은미지분압류	2014년2월20일 제4612호	2014년2월20일 압류(세무2과-2564)	권리자 서울특별시성동구
17	5번송■미지분압류	2014년5월27일 제15129호	2014년5월22일 압류	권리자 서울특별시중구
18	5번송■미지분압류	2014년7월21일 제22555호	2014년7월21일 압류(소득세과-6032)	권리자 국 처분청 성동세무서

(출처 : 등기부등본)

이 경우, 송○영은 공유자 우선매수가 가능할까?

일반 매매로 지분을 취득한 송○영은 채무자(지분권자)의 일반 매매 매수자이자 별도의 지분권자이기 때문에 공유자 우선매수가 가능하다. 그래서 본건은 공유자 우선매수로 매각될 수 있었다.

이전 사례에서 채무자(지분권자)의 상속인이자 별도의 지분권자는 공유자 우선매수 청구의 제한이 된다는 것과 헷갈리지 않도록 주의해야 한다.

내 전셋집 경매에 입찰해
내 집 마련하기
(부천4계 2018타경74387)[8]

(출처 : 지지옥션)

---

8) 네이버 카페 '경공매를 통한 부자 클라이밍(구 돈줄경매)', https://cafe.naver.com/donzzul22/79

등기부등본이 깨끗한 집에 들어가면 보증금이 안전하다고 믿는 사람들이 많다. 그러나 실상은 보증금을 잃을 수도 있다. 사례를 통해 그런 일이 일어나는 이유와 그 상황에서 임차인이 할 수 있는 예방책 및 최선책을 알아보자.

임대인이 임차인의 전입신고일에 최선순위 근저당권을 설정한다면?

이 사례에서 최선순위 근저당권의 설정 일자와 임차인의 전입신고 일자가 2011. 12. 23로 동일하다.

임차인이 전세 계약과 잔금을 납부할 때는 등기부등본에 근저당이 없었기 때문에, 자신이 대항력 있는 1순위 임차인이며, 전세금이 안전하다고 믿었을 것이다. 그러나 실상은 근저당보다 후순위인 대항력 없는 임차인이다.

왜 이런 일이 일어났을까? 대부분의 사람들이 잔금을 내는 날 이사와 전입신고를 하는데, 같은 날 그 시간 이후에 근저당이 설정되면 세입자는 근저당보다 후순위가 된다. 현 주택임대차보호법에서 대항력은 전입, 점유 2가지 조건을 모두 갖춘 날의 다음 날 0시에 발휘되기 때문이다.

집에 전입과 점유한 임차인이 있으면 은행으로부터 대출받기가 어렵다. 대출을 받으려면 은행에 무상거주확인서를 제출해야만 한다. 임차인의 보증금과 은행의 대출금을 모두 갖고 싶은 집주인이 이런 행위를 하는 것이다.

임차인의 방어 입찰 전략

임차인이 할 수 있는 예방책은 약속된 이사일 하루 전에 집주인 몰래 전입신고를 하는 것이다. 임차인은 임대차계약서를 가지고 주민센터에 방문하면 전입신고와 확정일자를 받을 수 있다. 그러면 '서류상' 대항력 있는 최선순위 임차인이 되므로 집주인의 계획이 무산된다. 다만 '실상' 대항력이 발휘되는 시기는 전입 후 점유를 한 이사일임을 참고하자.

이미 그런 사태가 일어났다면 임차인의 최선책은 경매로 넘어간 전셋집을 낙찰받아 집주인이 되는 것이다. 이를 방어 입찰이라 한다. 만약 전셋집이 수도권 아파트이고 부동산 가격 상승기라면, 더욱 효과적이다. 그러나 얼마에 입찰해야 하는지 몰라서 여전히 막막할 것이다.

다음 순서에 따르면 적정 입찰가를 알 수 있다.

❶ 말소기준권리 찾고 대항력 파악하기

말소기준권리는 2011. 12. 23 국민은행 근저당이다.
임차인의 대항력은 2011. 12. 24 0시에 발생해 국민은행 근저당보다 후순위로 대항력이 없다.

❷ 예상배당 순위와 예상배당금 파악하기

배당은 대항력 발생일인 2011. 12. 24 0시가 기준이고, 국민은행 근저당보다는 후순위지만 다른 채권보다는 앞선다.

1순위인 국민은행 근저당 채권최고액 412,800,000원이다.
채권최고액은 원금의 120~130%로 설정한다. 시중은행은 120%이고 저축은행, 새마을금고 등은 130%로 설정한다. 연체 기간이 길면 채권최고액을 배당받고, 그렇지 않다면 원금에 이자율(17~22%) 이자를 감안한 금액을 배당받는다.

일반적으로 설정되는 채권최고액 120%로 원금을 계산해보면 원금은 344,000,000원이다.

2순위인 임차인의 보증금 170,000,0000원이다.

❸ 임차인인 내 보증금을 배당받을 수 있는 낙찰가 계산하기

집행비용 약 5,000,000원 + 1순위 국민은행 근저당 원금 344,000,000원 + 2순위 임차인 보증금 170,000,000원 = 519,000,000원

즉, 약 520,000,000원에 낙찰되어야 임차인인 내가 보증금을 배당받을 수 있다. 이 가격에 입찰해서 내가 낙찰되면 방어 입찰에 성공한 것이고, 패찰하더라도 내 입찰가보다 높은 낙찰가에서 보증금을 배당받을 수 있다.

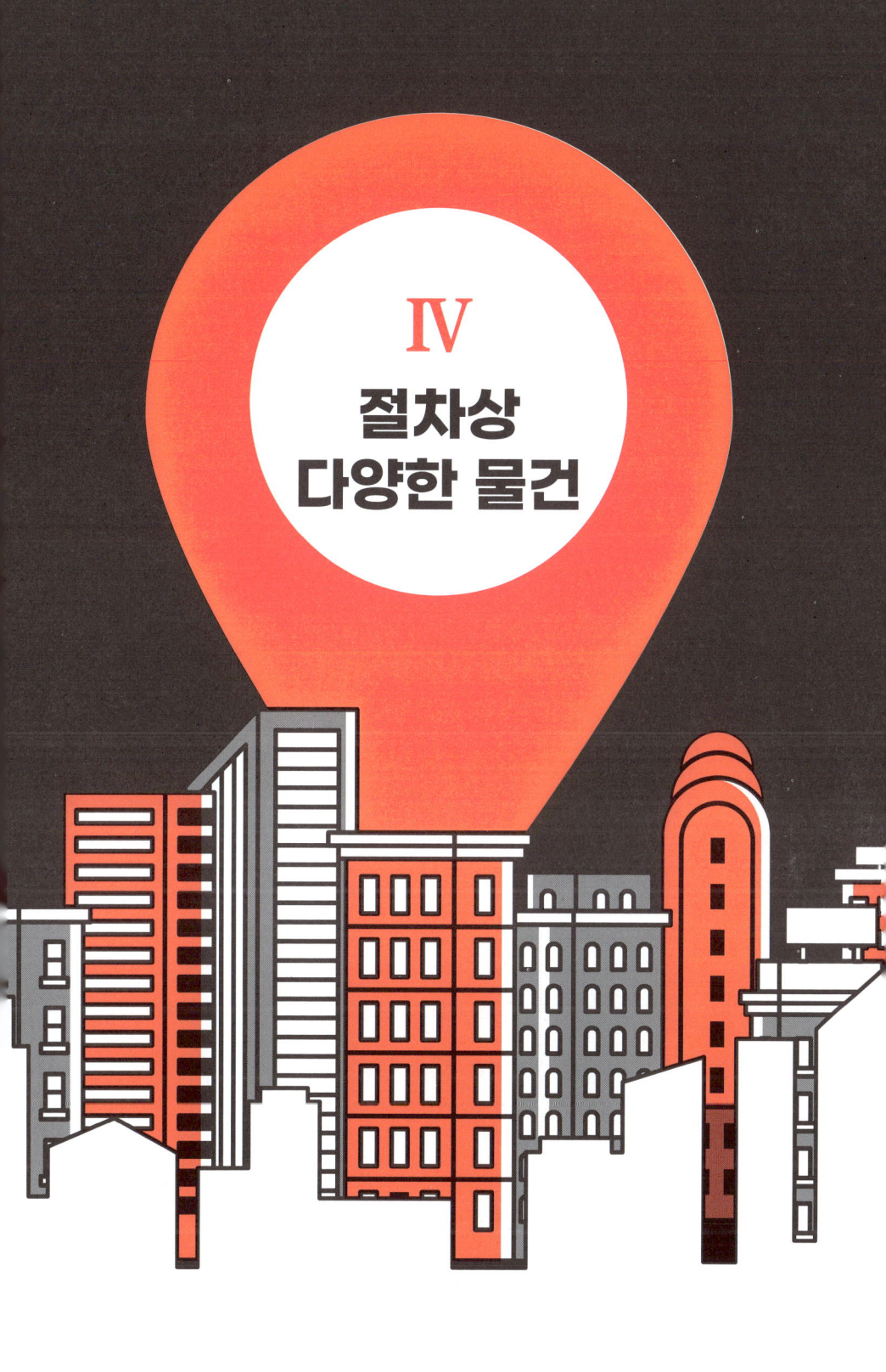

강제경매의 취소 :
최고가매수신고 이후에 채무자의 취하 방법
(의정부 2016타경30565)[9]

강제경매란 집행권원을 가진 채권자의 신청에 의해 법원이 채무자의 재산을 압류해서 매각하는 환가 절차다. 강제경매는 신청할 수 있고, 취소시킬 수도 있다. 이 사례에서는 강제경매의 취소 방법을 알아보자.

강제경매의 공신적 효과

우선 강제경매의 취소 방법을 이해하기 위해서는 공신적 효과를 알아야 한다. 공신적 효과가 있다는 것은 법원의 '판결'에 대해 강력한 효력을 부여한다는 뜻이다. 강제경매는 공신적 효과가 있고, 임의경매는 공신적 효과가 없다. 공신적 효과가 있는 강제경매는 애초에 채권이 부존재·무효더라도 '판결'에 의한 경매 절차로 진행된 결과에는 영향이 없어서 낙찰자가 소유권을 취득한다. 반면 공신적 효과가 없는 임의경매는 애초에 담보권이 부존재·무효라면 낙찰자는 소유권을 취득하지 못한다.

강제경매는 공신적 효과가 있기 때문에, 실체적 하자(집행채권의 부존재·소멸·이행기의 연기 등)를 이유로 강제경매를 취소하기 위해서는 소송(청구이의의 소, 제3자 이의의 소)을 해야만 한다.

---

9) 네이버 카페 '경공매를 통한 부자 클라이밍(구 돈쭐경매)', https://cafe.naver.com/donzzul22/411

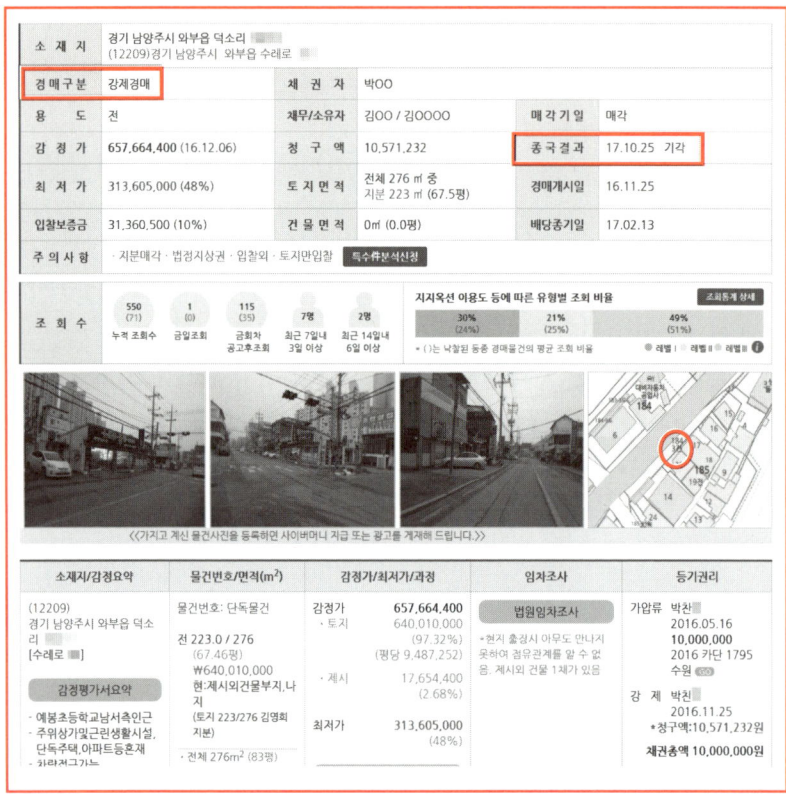

(출처 : 지지옥션)

    이 사례의 채무자는 최고가 매수 신고 이후에 취하 방법을 물색했다. 강제경매의 경우, 최고가 매수 신고 이후에 취하하기 위해서는 매수인의 동의가 필요하다. 만약 매수인이 동의해주지 않는다면 청구이의의 소를 제기해야만 한다.[10]

    소 제기 후의 절차는 다음과 같다.[11]

---

10) 차건환,《정년 없는 부동산 경매》, 2020, p.95, 최고가 매수 신고 이후 취소(취하) 방법 도표
11) 차건환,《정년 없는 부동산 경매》, 2020, p.96, 강제경매에서 청구이의의 소에 의한 취소 방법

1. 채권자 주소지의 관할법원 (1심 판결법원)에서	❶ 채권 변제 합의가 안 될 경우, 변제할 금액 공탁 후 변제공탁서 영수 또는 합의변제한 경우에는 변제증서(채무자가 채무를 변제했을 때, 변제 사실을 증명하는 문서)를 영수하고 변제증서를 첨부해 청구이의 소 제기하기
	❷ 청구이의의 소 제기한 후 소제기증명원 발급받아 강제집행정지 신청서에 첨부해 집행정지 신청하기
	❸ 집행정지결정 받아서 집행정지결정문 발부받기
2. 경매법원에서	❶ 강제집행정지결정문 제출하기 *왜 제출해야 할까? 청구이의의 소 결과가 나올 때까지 경매 절차를 정지시키기 위해서는 꼭 제출해야 한다. 만약 경매 절차가 정지되지 않아서 낙찰자가 잔금을 납부하고 소유권을 이전하면 상황을 되돌리기 힘들다.
	❷ 경매와 최고가 매수인의 대금 지급이 정지됨
	❸ 청구이의의 소 승소 판결 후, 경매 법원에 확정 판결문을 경매 취소 서류로 제출하기
	❹ 경매 취소와 강제경매개시결정 등기소에 말소촉탁 송달

문건 처리 내역에서 채무자 대리인이 '강제집행정지결정문'을 제출한 것을 확인할 수 있다. 채무자가 강제경매 취소 절차를 밟고 있다는 것이다.

■ 문건처리내역

접수일	접수내역
2016.11.24	채권자 박찬규 송달장소 및 송달영수인 신고서 제출
2016.11.28	등기소 남양주등기소 등기필증 제출
2016.11.30	채권자 박찬규 보정서 제출
2016.12.08	집행관 서우완 현황조사보고서 제출
2016.12.14	감정인 대지감정평가사 감정평가서 제출
2017.01.18	교부권자 남양주시 교부청구서 제출
2017.07.11	채무자대리인 법무법인명도 담당변호사 소병훈 강제집행정지결정문 제출
2017.07.20	법원 수원지방법원 사실조회신청서 제출
2017.10.23	채권자대리인 법무법인 영도 집행력있는민결정본등제출 제출

(출처 : 법원 문건 접수 내역)

임의경매의 취소 :
최고가매수인 동의 없이 경매를 취하시킨 채무자
(여주5계 2014 타경 12671)[12]

    임의경매란, 채무자가 채무의 변제를 이행하지 않은 경우, 담보권자가 우선변제를 얻기 위해 담보권을 실행해 그 매각대금에서 배당 절차를 통해 채권을 회수하는 절차다. 담보권은 환가권을 가지고 있다. 그 환가권에 의해 임의경매 신청이 인정된다. 그래서 경매를 신청하려면 집행권원이 필요했던 강제경매와 다르게, 임의경매는 담보권의 존재를 증명하는 서류가 필요하다.

    임의경매는 신청할 수 있고, 취소시킬 수도 있다. 이번 사례에서는 채무자가 최고가 매수 신고 이후에 그 매수인 동의 없이 채권자 동의만으로 임의경매를 취하(취소)시켰다.

임의경매의 취소 과정
    채권을 변제해 근저당권이 말소된 등기서류를 첨부해 법원에 경매개시결정에 대한 이의 신청서, 강제집행취소(정지) 신청서를 제출해서 임의경매를 취소시킬 수 있다. 이 과정에서 최고가 매수 신고인의 동의는 필요 없고, 채권자의 동의만 얻으면 된다.

---

12) 차건환,《정년 없는 부동산 경매》, 2020, p.99~101, 임의경매에서 근저당말소등기서류의 제출에 의한 취소 방법(채권자 동의)

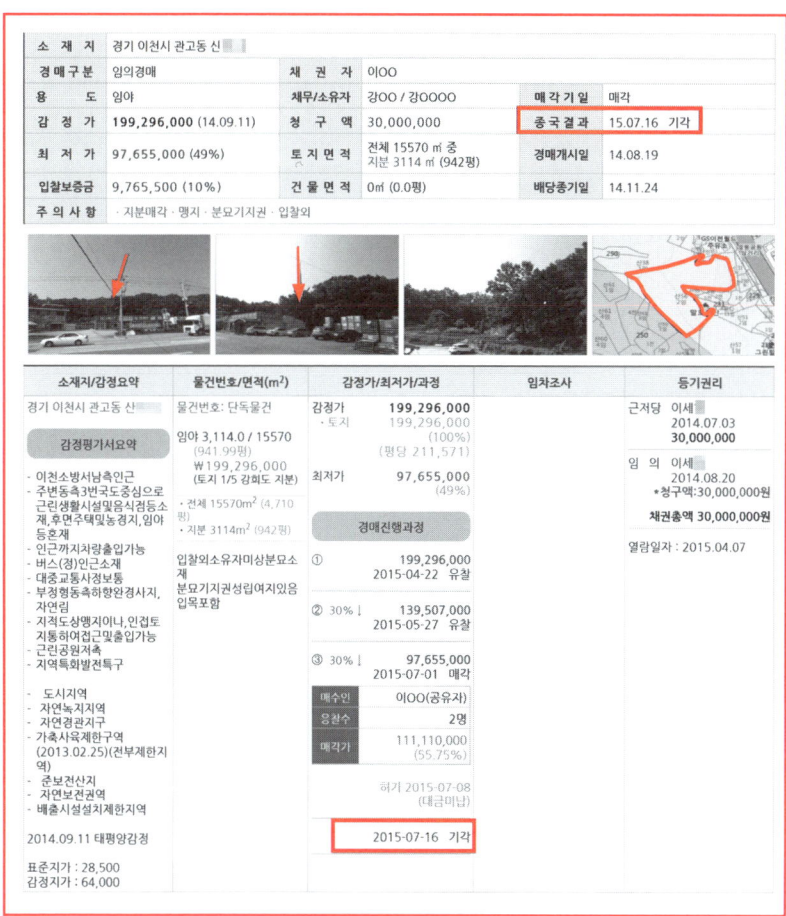

(출처 : 지지옥션)

우선 경매 신청 채권자의 채권을 변제한다. 만약 채무를 갚으려는 데 채권자가 거부하거나 연락이 닿지 않는다면 변제공탁한다. 그 후에는 등기사항전부증명서의 근저당권 등의 담보권을 말소시킨다. 마지막으로, 근서낭권이 말소된 등기서류를 첨부해 경매개시결정에 대한 이의신청서, 강제집행정지 신청서를 제출하면 된다. 그러면 경매법원이 경매를 정지시키고 경매개시결정을 취소한다.

| 2015.07.16 | 채무자겸소유자 강희▨ | 개시결정에 대한 집행취소신청 제출 |

(출처 : 법원 문건 접수 내역)

법원 문건 접수 내역에 '집행취소 신청 제출'이 보이면 해당 경매가 취하될 것을 예상할 수 있다.

무잉여 경매를 진행시킬 수 있는 비법 : 적정한 매수 신청금액 계산 방법

(여주 2018타경5626)[13]

경매에는 무잉여 기각 제도가 있다. 무잉여 경매란, 법원이 정한 최저매각가격으로 경매 신청 채권자의 채권에 우선하는 부동산상의 모든 부담과 경매 비용을 변제하면 남는 것이 없는 것이다.

경매 신청 채권자(압류채권자)가 집행에 의해 변제받을 가망이 전혀 없는 무익한 경매가 행해지는 것을 막고, 경매 신청 채권자에 우선하는 담보권자의 전부 또는 일부가 자기 의사와 다른 시기에 경매로 인해 투자의 회수를 강요당하는 것과 같은 부당함으로부터 보호하기 위한 제도다. 상식적으로 생각해보아도, 유찰을 거듭해 낙찰이 되더라도 경매 신청 채권자가 한 푼도 배당받지 못하면 굳이 경매를 진행할 필요가 없다.

> **민사집행법 제102조**(남을 가망이 없을 경우의 경매 취소)
> ① 법원은 최저매각가격으로 압류채권자의 채권에 우선하는 부동산의 모든 부담과 절차 비용을 변제하면 남을 것이 없겠다고 인정한 때에는 압류채권자에게 이를 통지하여야 한다.
> ② 압류채권자가 제1항의 통지를 받은 날부터 1주 이내에 제1항의 부담과 비용을 변제하고 남을 만한 가격을 정하여 그 가격에 맞는 매수 신고가 없을 때에는

---

13) 네이버 카페 '경공매를 통한 부자 클라이밍(구 돈쭐경매)', https://cafe.naver.com/donzzul22/264

> 자기가 그 가격으로 매수하겠다고 신청하면서 충분한 보증을 제공하지 아니하면, 법원은 경매 절차를 취소하여야 한다.
> ③ 제2항의 취소 결정에 대하여는 즉시항고를 할 수 있다.

법원은 직권으로 기각시키기 전에 경매 신청 채권자에게 매수통지서를 송달해 매수 신청 기회를 준다. 경매 신청 채권자의 매수 신청이 있는 경우, 그 신청금액을 공개해야 한다. 낙찰받기 위해서는 그 매수 신고가격보다 높은 금액에 입찰해야 한다. 입찰가격이 매수 신고가격보다 낮거나 입찰한 사람이 없으면 매수 신청한 경매 신청 채권자가 최고가 매수 신고인이 된다. 무잉여 경매에서 경매 신청 채권자의 매수 신고가 있는 경우 보증액은 '저감된 최저매각가격'과 '매수 신청액(우선하는 부담과 비용을 변제하고 남을 가격)'의 차액이다.

매수 신고를 한 경매 신청 채권자는 입찰일에 법원에 출석할 필요가 없다. 매수 신고를 철회하고 싶으면 입찰일까지 하면 되고, 입찰일까지 철회하면 보증금을 반환받을 수 있다.

만약 남을 가망이 있음에도 법원에서 남을 가망이 없다고 잘못 판단하는 경우에는 어떻게 해야 할까? 경매 신청 채권자는 매수통지를 받은 날부터 일주일 안에 저감된 최저매각가격으로 자신의 채권에 우선하는 부동산의 모든 부담과 절차비용을 변제하고 남을 것이 있음을 변제증서나 채권포기서 제출 등으로 증명해야 한다. 증명한 때에는 경매 절차를 속행한다.

무잉여 경매 사건의 경매 신청 채권자는 적정한 매수 신청금액을 계산할 수 있어야 한다. 사례와 함께 계산 방법을 배워보자.

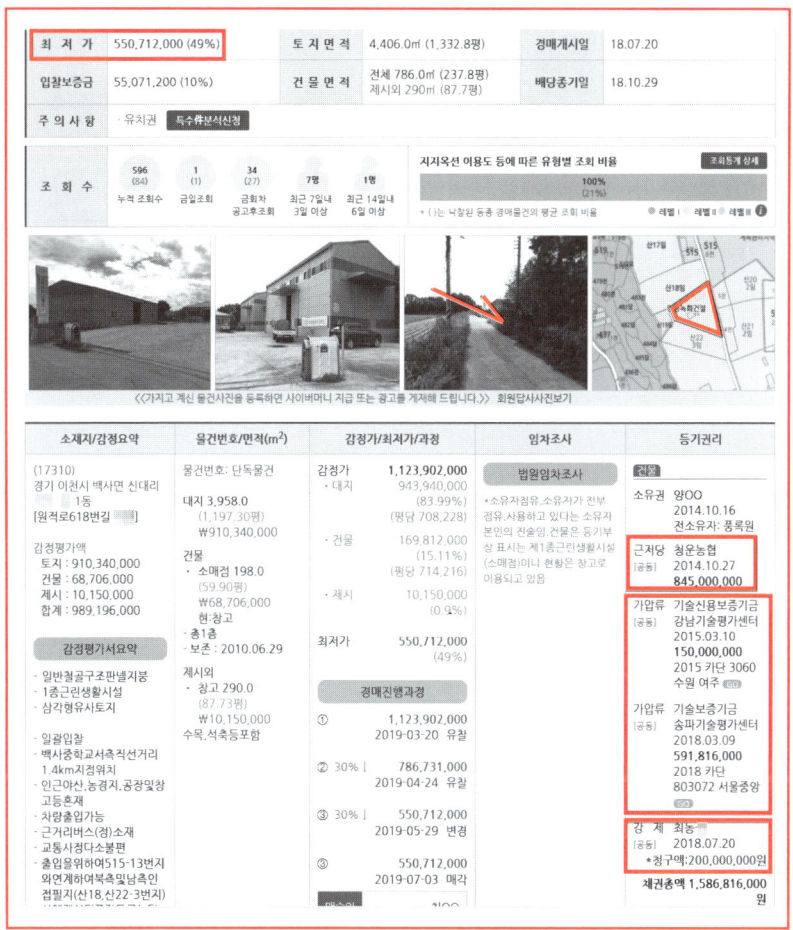

(출처 : 지지옥션)

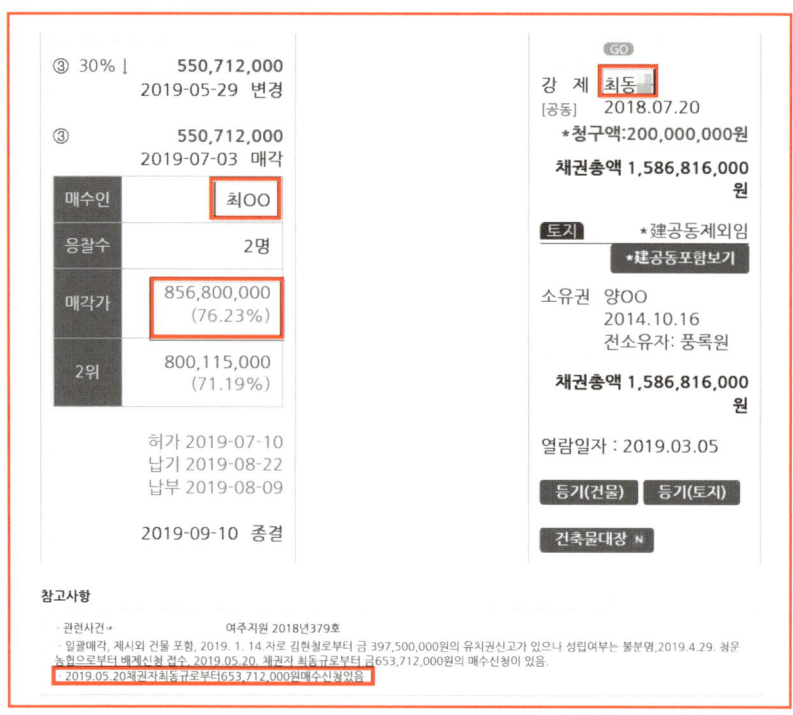

(출처 : 지지옥션)

채권자매수 신청

경매 신청 채권자가 매수통지서를 받고 653,712,000원으로 매수 신청을 했다. 이 금액으로 매수 신청을 한 것은 과연 현명한 선택일까?

우선, 실제로 남아 있는 채무원금이 얼마일지 합리적으로 추정해보자. 청운농협은 제2금융기관으로서 통상적으로 대출금의 130%를 근저당 채권최고액으로 설정한다. 채권최고액 845,000,000의 대출금은 650,000,000원이다.

2014년 근저당 설정일 이후에 대출금에 대한 원리금 분할상환이 진행되었을 것이다. 이 사례는 강제경매이므로 실제로 남아 있는 채무원금은 650,000,000원보다 적을 것이다. 대략 630,000,000원이 남아 있다고 가정해도 합리적이다. 채무원금을 추정할 때 임의경매인지 강제경매인지도 참작해야 한다. 임의경매는 근저당권자와의 대출 상환 진행에 문제가 있어서 경매가 진행되고, 강제경매는 채권 채무의 존부와 가액에 관한 다툼이 있어서 재판을 하고, 승소 판결을 받아 경매를 진행하는 것이다. 강제경매 사건은 채무자가 착실하게 갚아서 근저당권자와의 대출상환 진행에 문제가 없다.

다음으로 예상 배당금을 계산해보자.
청운농협 근저당 이후의 가압류 등은 경매 신청 채권액과 안분 배당된다. 우선 집행비용 등(예상 : 500만 원)을 공제한다. 다음으로 근저당권자 청운농협의 추정 배당 신청금액 630,000,000원을 공제한다. 그리고 나서 한 푼이라도 남을 때, 가압류 채권자와 경매 신청 채권자는 청구금액 비율에 따라 배당되어 경매 신청 채권자가 한 푼이라도 배당받으므로 무잉여가 아니다.

이를 고려해 경매 신청 채권자인 최동○는 630,000,000원과 집행비용, 추가로 안분배당받을 수 있는 금액을 합해 653,712,000원으로 매수 신고를 한 것이다. 경매 신청 채권자는 무잉여로 기각 취소되어 채권을 한 푼도 회수하지 못하는 것보다는 일단은 매수 신청을 하는 게 현명하다. 게다가 이 물건은 인근에 이와 비슷한 유형의 근린 시설들이 많이 있는 것으로 보아, 이 지역에서 이러한 시설에 대한 수요와 공급이 원활하게 작동하고 있을 확률이 높다.
경매 신청 채권자는 당초 신고한 매수 신청금액으로는 낙찰되기 힘들 것이라 판단해 그보다 더 높은 가격인 856,800,000원에 낙찰받았다.

개인회생 절차 중에 있는
강제경매 물건은 피하는 게 좋다
(마산 2019타경6863)[14]

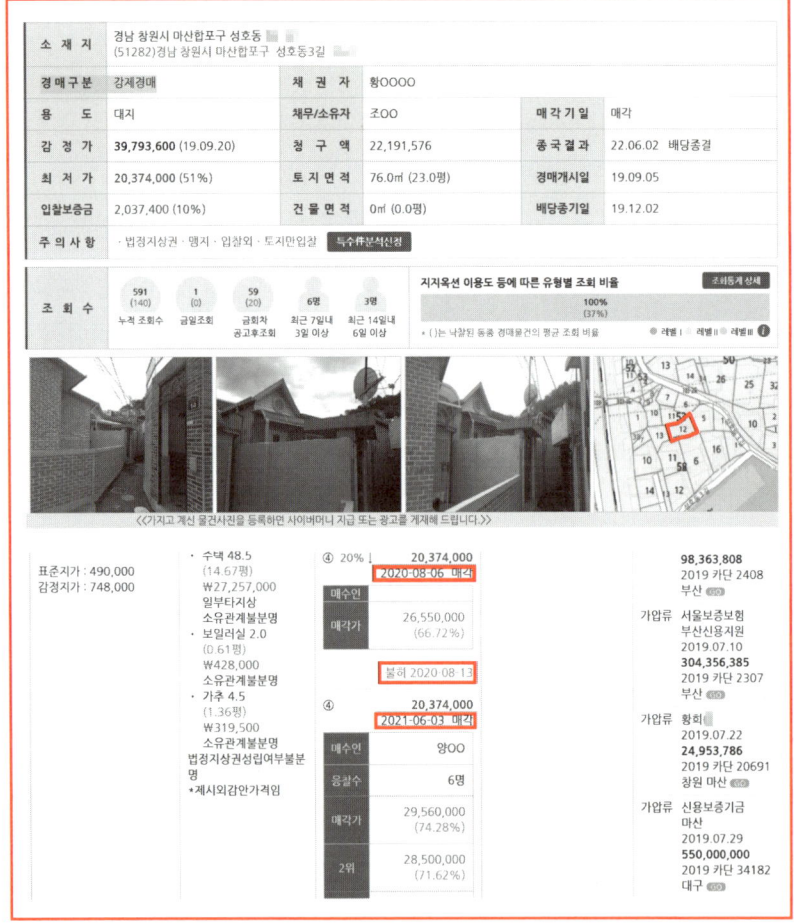

---

14) 네이버 카페 '경공매를 통한 부자 클라이밍(구 돈쭐경매)', https://cafe.naver.com/donzzul22/64

(출처 : 지지옥션)

(출처 : 법원 문건 접수 내역)

낙찰되면 채무자가 기다렸다는 듯이 서류를 제출해서 2번이나 매각불허가결정이 된 사례다.

주요 타임라인	
2020. 08. 06	1차 낙찰
2020. 08. 07	경매 중지 신청서 제출
2020. 08. 13	1차 매각불허가결정
2021. 04. 15	경매 속행 신청서 제출
2021. 06. 03	2차 낙찰
2021. 06. 07	포괄적금지명령서 제출
2021. 06. 10	2차 매각불허가결정
2021. 09. 06 / 2021. 11. 08	개인회생 신청 기각
2022. 02. 10	경매 속행 신청서 제출
2022. 04. 14. ~	3차 낙찰 ~ 종결

강제경매와 개인회생 신청

강제경매에서는 채무자가 개인회생 신청을 하고 법원으로부터 강제집행에 대한 중지 명령을 받으면, 집행법원에 강제집행정지 신청서 제출해 경매 사건을 중지시킬 수 있다.

개인회생이란, 총 채무액이 무담보채무의 경우에는 10억 원, 담보부채무의 경우에는 15억 원 이하인 개인채무자로서 장래 계속해서 또는 반복해서 수입을 얻을 가능성이 있는 자가 3년간(채무자 회생 및 파산에 관한 법률 제611조 제5항 단서의 경우 5년) 일정한 금액을 변제하면 나머지 채무의 면제를 받을 수 있는 절차다.

채무자가 개인회생절차를 신청해 심사 중인 경매 물건은 채무자가 그에 대한 결정이 날 때까지 경매 절차를 중지해달라는 경매 중지 신청서를 제출하면 매각불허가결정이 내려질 수 있다.

> **투자 손실 막는 실전 팁**

　채무자가 개인회생 절차 중에 있는 강제경매 물건은 낙찰되더라도 채무자가 경매 중지 신청서, 포괄적 금지명령서 등의 서류를 제출하면 매각불허가결정이 되어 낙찰받기까지 투자한 시간과 노력, 비용이 물거품된다. 그러니 입찰 전, 개인회생 관련 사건이 진행 중인 강제경매 물건은 사건과 법원 문건 내역을 확인하자.

　채권자의 경매 속행 신청서 제출로 경매가 진행되더라도, 채무자가 변제계획안 제출 → 보전처분중지/포괄적금지명령, 즉 이것들을 일컬어 독촉금지명령이 발령(채무자가 포괄적금지명령서 제출하면 매각불허가결정 내려짐) → 변제계획안 최종인가결정 → 면책되어 경매 진행이 끝난다. 단, 채권자 이의 신청이 받아들여지면 경매가 진행될 수도 있다.

　개인회생 신청 및 항고가 기각되면 낙찰받아도 개인회생 관련해 불허가결정이 내려지지 않는다. 그때는 입찰해도 매각불허가결정으로 피해를 볼 일이 없다. 이 사건은 2021. 09. 06 개인회생 신청이 기각되었고, 2021. 11. 08 (재)항고도 기각되었다. 그래서 시기상 그 이후인 3차 낙찰자는 개인회생 관련한 매각불허가결정을 받지 않았다.

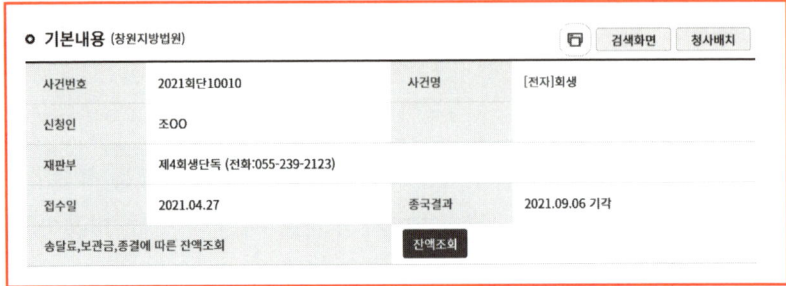

(출처 : 대한민국 법원)

(출처 : 대한민국 법원)

만약 이 사례가 임의경매였으면 이런 일이 없었을 것이다. 강제경매와 달리 임의경매는 채무자의 개인회생 관련 사건이 진행 중이더라도 경매 사건의 진행에 큰 영향이 없기 때문이다.15)

---

15) 네이버 카페 '경공매를 통한 부자 클라이밍(구. 돈쭐경매)', https://cafe.naver.com/donzzul22/1786

매각기일 통지가 누락되면? : 법원의 직권불허가

(여주 2018타경33997(1))

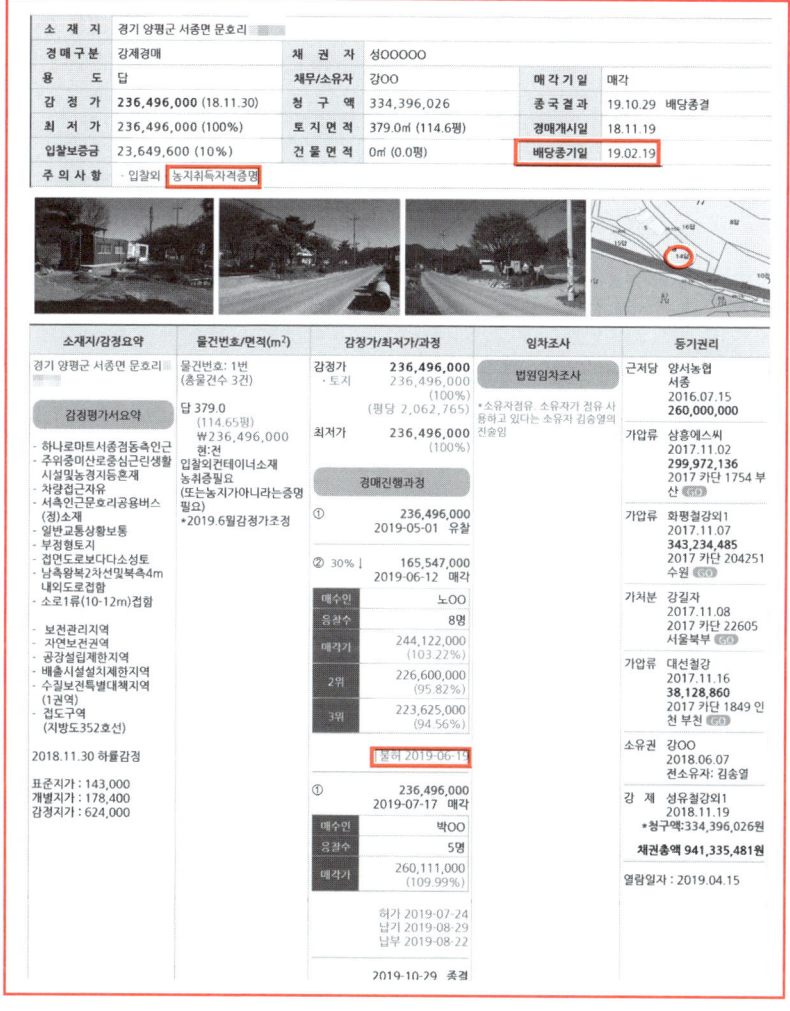

(출처 : 지지옥션)

이 사례의 경매 물건은 매각불허가결정이 내려졌다. 그 이유를 분석해보자.

매각 허가에 대한 이의 신청

민사집행법에서는 매각 허가에 대한 이의 신청 사유를 정하고 있다. 민사집행법이 정하고 있는 이의 신청 사유가 있어야 이의 신청을 할 수 있다.

> **민사집행법 제121조**(매각 허가에 대한 이의 신청 사유)
> 매각 허가에 관한 이의는 다음 각호 가운데 어느 하나에 해당하는 이유가 있어야 신청할 수 있다.
> 1. 강제집행을 허가할 수 없거나 집행을 계속 진행할 수 없을 때
> 2. 최고가 매수 신고인이 부동산을 매수할 능력이나 자격이 없는 때
> 3. 부동산을 매수할 자격이 없는 사람이 최고가 매수 신고인을 내세워 매수 신고를 한 때
> 4. 최고가 매수 신고인, 그 대리인 또는 최고가 매수 신고인을 내세워 매수 신고를 한 사람이 제108조 각호 가운데 어느 하나에 해당되는 때
> 5. 최저매각가격의 결정, 일괄 매각의 결정 또는 매각물건명세서의 작성에 중대한 흠이 있는 때
> 6. 천재지변, 그 밖에 자기가 책임을 질 수 없는 사유로 부동산이 현저하게 훼손된 사실 또는 부동산에 관한 중대한 권리관계가 변동된 사실이 경매 절차의 진행 중에 밝혀진 때
> 7. 경매 절차에 그 밖의 중대한 잘못이 있는 때

매각기일 및 매각결정기일은 배당요구의 종기(이 사례의 경우 2019. 02. 19)로부터 1개월 안에 이해관계인에게 통지해야 한다. 이해관계인에게

매각기일을 통지하지 않은 경우는 매각 허가에 대한 이의 사유인 <u>강제 집행을 허가할 수 없는 때</u>에 해당한다. 만약 통지하지 않은 경우, 이해관계인의 이의 신청이 없더라도 법원은 직권으로 매각을 허가하지 않아야 한다.

이 사례에서는 채무자에게 경매개시결정(2018. 11. 19)부터 매각불허가일(2019. 06. 19) 동안 매각기일 및 매각결정기일의 통지서 발송이 없다는 사실을 확인할 수 있다.

송달일	송달내역	송달결과
2018.11.19	채권자대리인 혜O 개시결정정본 발송	2018.11.20 도달
2018.11.21	채무자겸소유자 김OO 개시결정정본 발송	2018.11.27 폐문부재
2018.11.22	감정인 정OO 평가명령 발송	2018.11.23 도달
2018.11.22	집행관 여OOO OOO 조사명령 발송	2018.11.26 도달
2018.11.22	가압류권자 주OOO OOOO 최고서 발송	2018.11.22 송달간주
2018.11.22	가압류권자 삼OOOO OOOO 최고서 발송	2018.11.22 송달간주
2018.11.22	근저당권자 양OOOOOOO 최고서 발송	2018.11.22 송달간주
2018.11.22	주무관서 이OOOO 최고서 발송	2018.11.22 송달간주
2018.11.22	주무관서 성OOOO 최고서 발송	2018.11.22 송달간주
2018.11.22	주무관서 국OOOOOOOO OOOO 최고서 발송	2018.11.22 송달간주
2018.11.22	주무관서 OOOOOOOO OOOO 최고서 발송	2018.11.22 송달간주
2018.11.22	주무관서 양OOO 최고서 발송	2018.11.22 송달간주
2018.11.30	채무자 1 김OO 개시결정정본 발송	2018.12.17 폐문부재
2018.11.30	채무자겸소유자 1 김OO 개시결정정본 발송	2018.12.17 폐문부재
2018.12.05	임차인 주OO 임차인통지서 발송	2018.12.06 도달
2018.12.05	임차인 강OO 임차인통지서 발송	2018.12.06 도달
2018.12.31	채권자대리인 혜O 주소보정명령등본 발송	2019.01.03 도달
2019.01.10	채무자겸소유자 1 김OO 개시결정정본 발송	2019.01.28 폐문부재
2019.02.11	채권자대리인 혜O 주소보정명령등본 발송	2019.02.12 도달
2019.02.12	채권자대리인 혜O 보정명령등본 발송	2019.02.13 도달
2019.02.13	채무자겸소유자 1 김OO 개시결정정본 발송	2019.02.24 폐문부재
2019.02.26	채무자 1 김OO 개시결정정본 발송	2019.03.06 폐문부재
2019.03.07	채무자 1 김OO 개시결정정본 발송	2019.03.11 수취인부재
2019.03.15	채무자겸소유자1 김OO 개시결정정본 발송	2019.03.30 도달
2019.04.03	제3취득자 강OO 개시결정정본 발송	2019.04.05 도달
2019.06.14	채권자대리인 혜O 추납등지서 발송	2019.06.14 도달
2019.06.27	제3취득자 강OO 매각및 매각결정기일통지서 발송	2019.06.27 송달간주
2019.06.27	채무자겸소유자 김OO 매각및 매각결정기일통지서 발송	2019.06.28 도달
2019.06.27	채권자대리인 혜O 매각및 매각결정기일통지서 발송	2019.06.27 도달
2019.06.27	배당요구권자 삼OOOO OOOO 매각및 매각결정기일통지서 발송	2019.06.27 송달간주
2019.06.27	배당요구권자 주OOO OOOO 매각및 매각결정기일통지서 발송	2019.06.27 송달간주
2019.06.27	근저당권자 양OOOOOOO 매각및 매각결정기일통지서 발송	2019.06.27 송달간주

(출처 : 법원 문건 접수 내역)

이해관계인에 해당하는 소유자, 채무자, 채권자, 공유자 등에게 매각기일 및 매각결정기일의 통지를 누락해 법원이 이해관계인의 이의 신청 없이도 직권으로 매각불허가결정이 내려졌다.

매각기일연기 신청 :
최대의 투자 수익을 위한 NPL 투자자의 계략

(고양 2014타경35187)

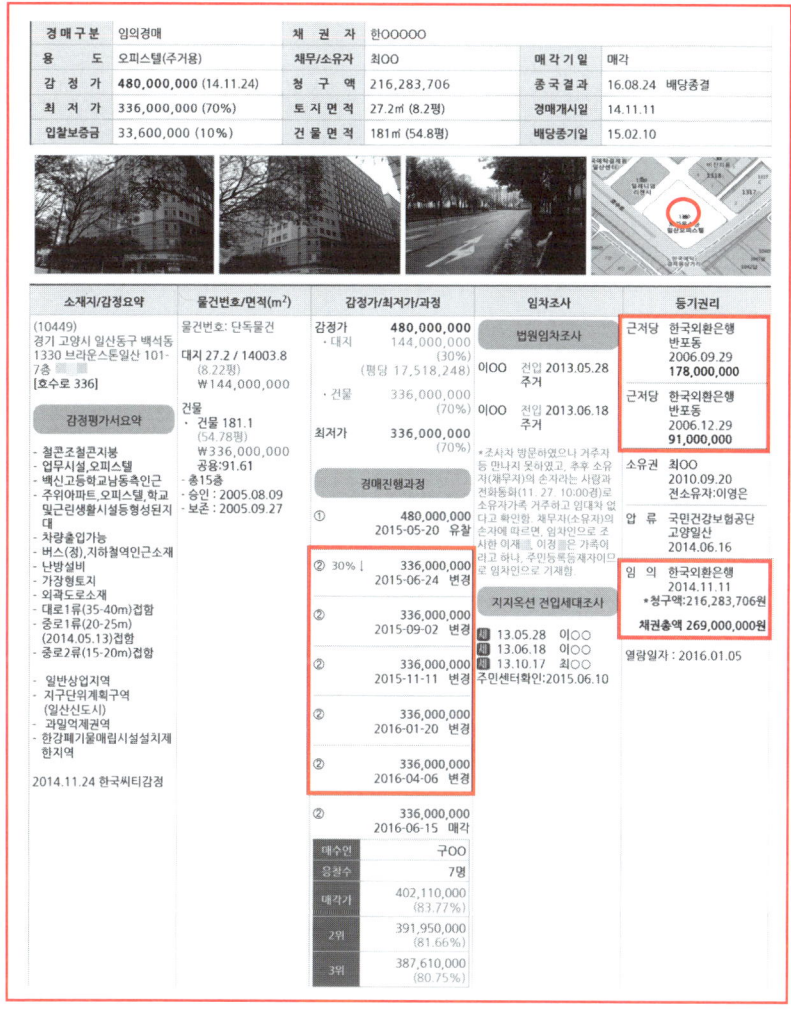

(출처 : 지지옥션)

이 사례의 특이점은 5번의 변경이 있었다는 것이다. 그 이유를 추적해보자.

2015.01.16	채권자 이에이알제육차유동화전문유한회사(양도전:주식회사한국외환은행) 채권자변경신고 제출	
2015.02.04	교부권자 고양시 일산동구 교부청구 제출	
2015.06.22	채권자 이에이알제육차유동화전문유한회사 기일연기신청서 제출	
2015.08.28	채권자 이에이알제육차유동화전문유한회사 기일연기신청서 제출	
2015.11.05	채권자 이에이알제육차유동화전문유한회사 매각기일연기신청서 제출	
2016.01.14	채권자 이에이알제육차유동화전문유한회사 기일연기신청서 제출	
2016.03.31	채권자 이에이알제육차유동화전문유한회사 기일연기신청서 제출	
2016.03.31	채무자겸소유자 최성■ 기일연기신청서 제출	
2016.06.29	채무자겸소유자 최성■ 매각허가에 대한 이의신청서 제출	
2016.07.26	최고가매수인 등기촉탁신청 제출	
2016.07.26	최고가매수인 매각대금완납증명	2016.07.26 발급
2016.08.03	교부권자 고양시일산동구 교부청구서 제출	
2016.08.03	교부권자 고양시일산동구 미체납교부청구서 제출	
2016.08.05	압류권자 국민건강보험공단고양일산지사 교부청구서 제출	
2016.08.09	채권자 이에이알제육차유동화전문유한회사 채권계산서 제출	

(출처 : 법원 문건 접수 내역)

문건 처리 내역을 보니 채권자변경신고서가 제출되었고, 채권을 양도받은 채권자가 기일연기 신청서를 5번 제출했다. 이로 인한 변경으로 매각기일이 계속해서 늦춰졌다. 이 채권자의 의도를 이해하기 위해서는 NPL에 대한 기본 지식이 필요하다.

NPL이란?

NPL 투자 형태 중에는 투자자 배당(배당채권)이 있다. 채권 투자자가 부실채권을 매입 후 제3자에 의해 낙찰된 매각대금의 배당액에서 채권 행사권리금액 범위 내에서 법원으로부터 배당받는 방법이다. 배당채권 투자는 론세일(채권양수도)이라는 채권양도 방식에서만 가능하다.

투자자가 채권을 양수받아 부기등기(확정채권 양도) 후 이를 기초로 배당받거나 채무자와 협상해 직접 변제받거나 재양도해서 이익을 남긴다.

론세일 방식의 주목표는 채권 양수 후 채권최고액의 범위 내에서 연체이자율 15%(기본금리 6%+가산금리 9%) 상당의 연체이자를 배당받는 것이다. 참고로 2018년부터 연체가산금리가 3%로 인하되어 연체이자율이 9%로 하락했다. 질권대출이자 약 6%를 차감하면 연체이자 마진은 3%로 줄어들게 되었다.

은행의 채권을 양수받은 이 사례의 채권자는 론세일 방식의 배당채권 NPL 투자자로 추정된다. 연체이자로 채권최고액이 다 채워질 때까지 연체되어야 최대의 투자 수익을 얻을 수 있다.

이 사례는 2015~2016년에 경매가 진행되었으니 연체이자율이 15%였다. 경매 도중 NPL 투자자에게 채권을 양도한 은행은 2건의 근저당권자이고, 경매 청구액이 2억 1,600만 원이었다. 2건의 근저당 채권최고액 합은 2억 6,900만 원이다. NPL 투자자는 최대의 투자 수익을 얻기 위해 채권최고액 총합 2억 6,900만 원이 다 채워질 때까지 연체되게끔 시간을 끌어야 했다. 그래서 기일연기 신청서를 5번 제출하고, 5번 변경되었던 것이다.

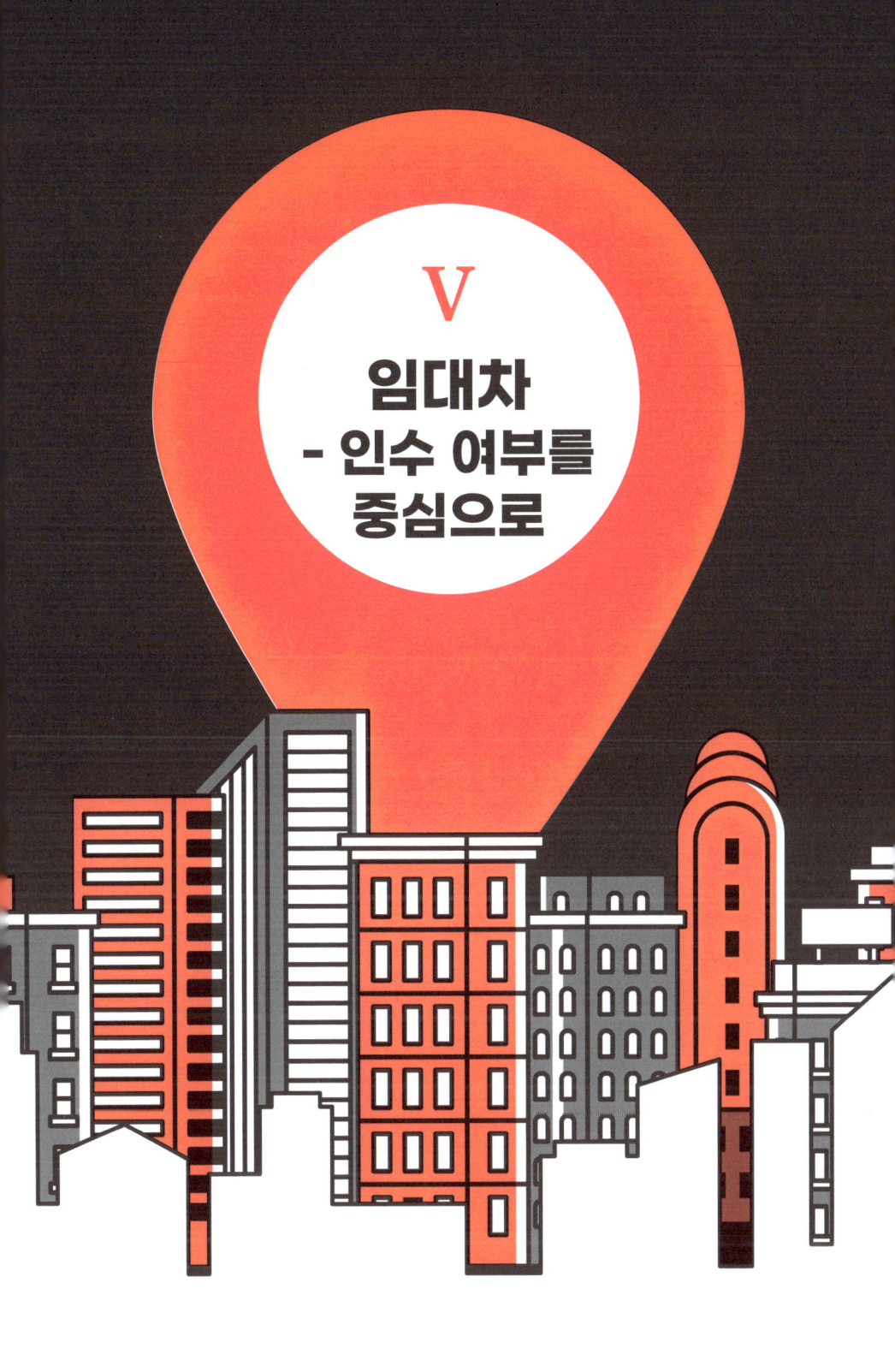

전 소유자가
임차인인 경우
(서부 2009타경14742)[16]

대항력과 그 발생요건

대항력[17]이란, 제3자에게 임대차의 내용을 주장할 수 있는 법률상의 권능이다. 대항력 있는 임차인은 자신의 보증금액을 전부 반환받을 때까지 해당 부동산을 비워주지 않아도 된다. 즉, 임차인 입장에서는 보증금을 보호해주는 안전장치이고, 임차인에게 집을 비워줄 것을 요구해야 하는 낙찰자 입장에서는 임차인의 보증금을 인수해야 하는 위험 요소다.

대항력의 발생요건은 말소기준등기보다 앞서서 ① 인도와 ② 전입(주민등록)을 갖추는 것이다. 2개의 요건을 다 갖추면, 그다음 날 0시부터 효력이 발생한다. 대항력이 발생하기 위해서는 확정일자가 필요하지 않다. 확정일자는 임차인이 경매 절차에서 보증금을 배당받기 위해 갖춰야 한다.

그렇다면 입찰자 혹은 낙찰자 입장에서 확정일자 없고, 대항력 있는 임차인 존재의 위험도에 대해 생각해보라. 확정일자가 없으니 경매 절차에서 보증금을 한 푼도 배당받지 못한다. 대항력이 있으니 보증금

---

16) 네이버 카페 '경공매를 통한 부자 클라이밍(구 돈쭐경매)', https://cafe.naver.com/donzzul22/83
17) 차건환, 《정년 없는 부동산 경매》, 2020, p.55

을 다 받을 때까지 거주할 수 있는 권리가 있다. 그러면 낙찰자는 그 임차인의 보증금 전부를 인수해야 한다. 게다가 인수해야 하는 보증금이 얼마인지 속 시원하게 알려주지 않는 경우도 있다. 미지의 보증금을 100% 인수해야 한다면 어느 누가 선뜻 입찰하겠는가? 그래서 이런 무시무시한 임차인이 있는 집이 경매가 진행되면, 유찰을 반복해 최저가가 많이 떨어진다. 임차인은 이를 저렴하게 내 집 마련하는 기회로 삼을 수도 있다.

이제 사례를 통해 대항력을 분석해보자.

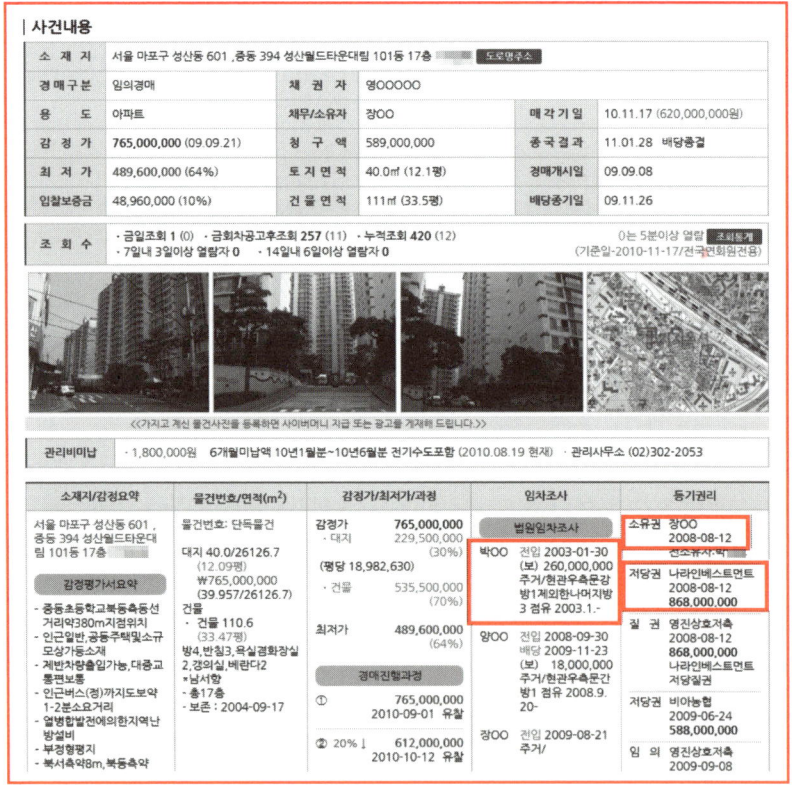

(출처 : 지지옥션)

전 소유자가 임차인인 경우의 대항력 분석

첫 번째, 말소기준권리를 확인한다. 말소기준권리는 2008. 08. 12에 설정된 저당권이다. 소유권이전등기일과 저당권 설정일이 같다. 즉 채무자인 장○○이 집을 살 때 대출을 받으면서 동시에 소유권이전등기를 했다.

두 번째, 임차인의 대항력 효력 발생일이 말소기준권리보다 앞서는지 확인한다. 임차인 박○○는 2003. 01. 30에 전입했고, 그즈음 점유한 걸로 확인된다. 확정일자는 없다. 보증금은 260,000,000원이다. 확정일자가 없어서 배당 신청을 못 하지만, 이 사례에서는 보증금이 얼마인지 밝혀져 있다. 만약 이 임차인이 대항력이 있다면 인수해야 하는 보증금을 감안해서 입찰가를 산정해야 한다.

이 임차인은 대항력이 있을까? 수박 겉핥기식으로 보면 말소기준권리보다 대항력 효력 발생일이 앞서기 때문에 대항력 있는 임차인 같다. 그러나 현황조사서와 등기부등본을 자세히 살펴보면 이 임차인이 전 소유자임을 알 수 있다.

전 소유자가 임차인인 경우, 대항력의 효력은 매수인의 소유권이전등기일 다음 날 0시부터 발생한다. 매수인 장○○의 소유권이전등기일이 2008. 08. 12이므로 임차인 박○○은 2008. 08. 13 0시에 대항력이 발생한다. 말소기준권리인 근저당의 설정일이 2008. 08. 12이므로 박○○은 말소기순권리보다 후순위라 대항력이 인정되지 않는다.

까다로운 임차인 대항력 분석 :
재계약한 종전 임차인
(고양3계 2014타경36845)

임차인의 대항력을 분석할 때 특히 주의해야 하는 경우가 있다. (1) 이전에 경매가 진행된 부동산이고, (2) 그 당시의 대항력 없는 임차인이 현 경매 시점에서도 여전히 임차인이고, (3) 이전 경매에서 임차인이 배당을 받은 경우다.

전입과 확정일자가 배당받을 때 쓰였다면 효력을 다한 것으로 말소되어야 한다. 다만 경매에서는 전입 내역을 말소하는 절차가 없기 때문에 말소되지 않고 남아 있는 경우도 있다.

일반적인 경우에는 말소기준권리보다 우선해 전입과 점유 2가지 조건을 갖추면, 다음 날 0시에 대항력이 발생한다. 그런데 이 경우에는 임차인의 전입과 확정일자가 효력을 다했다. 그렇다면 이번 경매 낙찰자와 임대차계약을 체결한 임차인의 대항력 발생 시점은 어떻게 되는 걸까?

재계약한 종전 임차인의 대항력 발생 시점
이번 경매 낙찰자와의 임대차계약 체결 시기에 따라 달라진다.
❶ 낙찰자가 잔금 납부하기 전에 새로운 임대차계약이 체결되었으면, 낙찰자가 소유권이전등기 하는 즉시 대항력이 발생한다.
'즉시' 대항력이 발생하는 이유는 이전 경매에서부터 임차인의 주민등록을 통해 임대차관계에 기초해 임차인이 거주하는 주택임을 제3자

들이 알 수 있었기 때문이다.

　근저당설정등기일과 소유권이전등기일이 같다면 말소기준권리인 근저당보다 선순위이므로, 임차인은 현재 경매의 낙찰자에게 대항할 수 있다.

❷ 낙찰자가 잔금 납부한 후에 낙찰자와 새로운 임대차계약이 체결되었으면, 이번 경매 낙찰자의 소유권이전등기일 다음 날 0시에 대항력이 발생한다.

　실무에서는 낙찰자가 잔금 납부한 후에 기존 임차인과 임대차계약을 하는 경우, 즉 (2)가 대부분이다.

(출처 : 지지옥션)

V. 임대차 - 인수 여부를 중심으로

(출처 : 지지옥션)

본건의 등기부를 확인해보니 갑구 10번에 2014. 03. 25 임의경매로 인한 매각이라 적혀 있다. 본건은 과거 2013년에 임의경매가 진행되었다.

(출처 : 등기부등본)

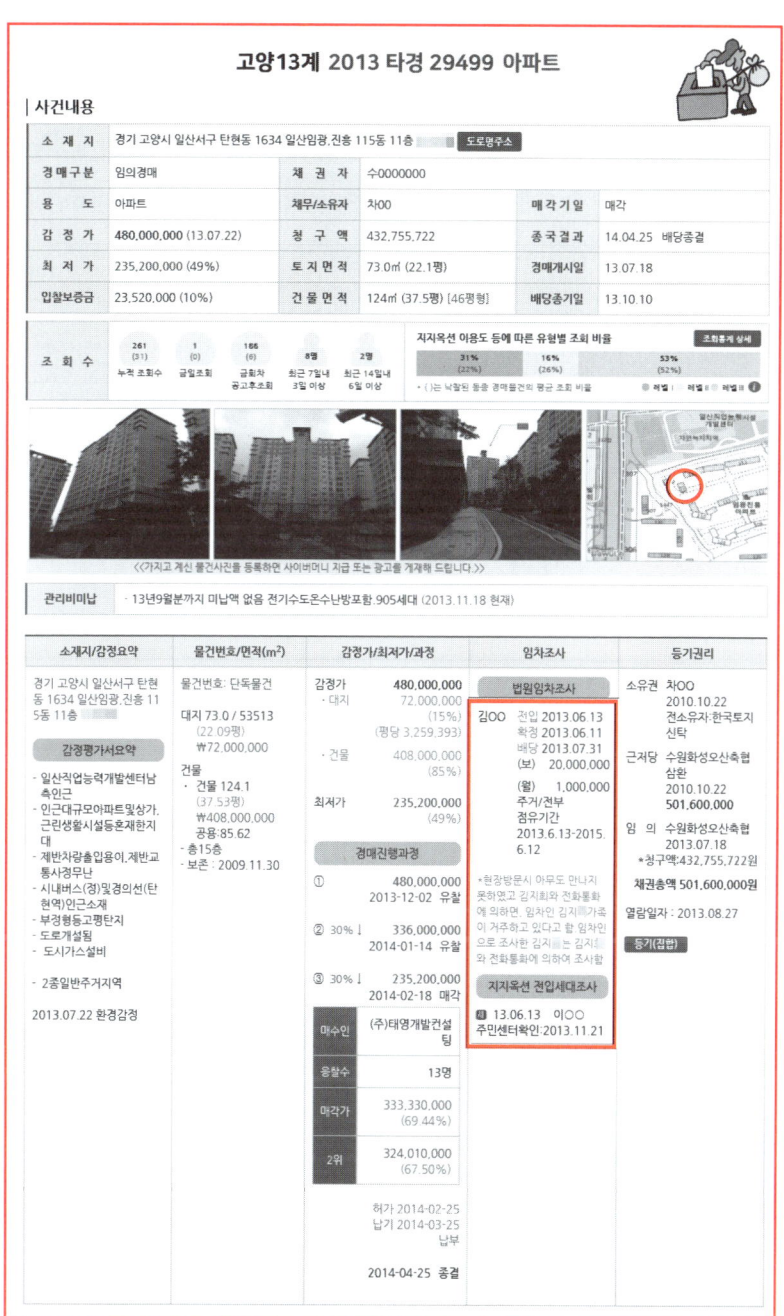

V. 임대차 - 인수 여부를 중심으로

과거 2013년 경매 사건에서 임차인은 대항력은 없으나 최우선변제 소액임차인에 해당해 보증금 2,000만 원을 전액 배당받았다.

그리고 현 경매 사건의 임차인은 지난 경매 사건의 배우자이다. 기존 임차인과 낙찰자가 재계약을 하는 경우 대항력은 낙찰자가 소유권을 취득하는 즉시 임차인이 대항력을 취득한다. 본 사건에서는 소유권이 이전된 2014. 03. 25에 전입을 한 것으로 간주된다.

현 경매 사건에서 임차인의 전입일과 신한은행 근저당권설정일이 2014. 03. 25로 동일하지만, 동순별접의 논리에 의해 임차인은 대항력을 가지게 된다.

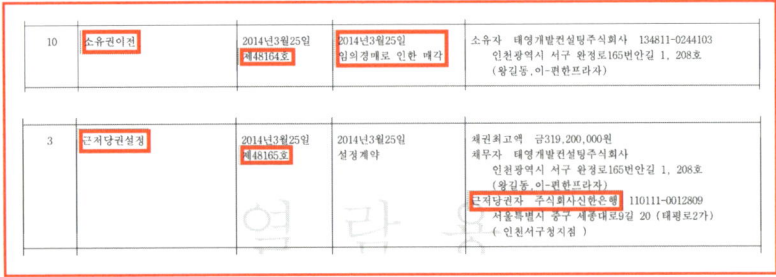

(출처 : 등기부등본)

이러한 대항력 있는 임차인이 배당요구 종기일 이내 배당요구를 했고, 확정일자도 갖추고 있다.

임차인의 보증금 3,000만 원 중 2,700만 원은 최우선변제 소액임차인에 해당해 우선 변제받게 된다. 신한은행 근저당이 그다음 배당순위로, 남은 300만 원에 대해 배당을 받게 된다.

세대합가와 대위변제를 알면 보증금을 지킬 수 있다
(남부9계 1999타경55837)[18]

(출처 : 지지옥션)

---

18) 네이버 카페 '경공매를 통한 부자 클라이밍(구 돈쭐경매)', https://cafe.naver.com/donzzul22/366

임차인이 있는 거주용 부동산 경매 물건으로, 임차인의 대항력과 배당에 대해 분석해야 한다.

임차인 대항력 분석

대항력을 분석해보자. 최선순위 근저당은 수협중앙 1998. 05 .29이고, 임차인 김○○의 전입신고일자는 1999. 11. 27이다. 대항력 효력발생일(인도, 점유 2가지 대항요건 다 갖춘 다음 날 오전 0시)이 최선순위 근저당보다 늦어서 대항력이 없다. 대항력이 없으니 배당받지 못한 보증금을 낙찰자에게 받아낼 수 없다.

임차인 배당 분석

배당을 분석해보자. 대항력이 없더라도 확정일자가 있으면 배당요구 시 배당 절차에 참여할 수 있다. 그러나 이 임차인은 확정일자를 받지 않아서 배당을 못 받는다.

임차인 최우선변제권 분석

마지막으로 최우선변제권이 있는지 본다. 최우선변제권의 요건은 4가지다.

최우선변제권 요건
❶ 경매개시결정기입등기 또는 공매 공고등기 전에 대항 요건(전입, 점유) 갖추기
❷ 배당요구종기일까지 대항력을 유지하면서 배당요구할 것
❸ 임차주택이 경매 또는 공매에 의해 매각될 것
❹ 담보물권(근저당권, 담보가등기, 전세권, 확정일자부 임차권, 등기된 임차권) 설정 시기의 소액 보증금 범위에 속할 것

4가지 요건을 갖추면, [낙찰 대금 - 집행비용 = 주택 매각가격(대지가액 포함)]의 1/2 범위 안에서 우선해서 배당받을 수 있다.

임차인 김○○은 1998년 수협중앙 근저당, 1999년 윤필중 근저당 시기에 서울의 소액보증금 범위가 3,000만 원 이하 소액보증금에 해당되지 않는다.

즉, 임차인 김○○은 보증금 7,000만 원을 한 푼도 못 받고 쫓겨나게 되는 상황이다. 만약 경매에 무지하고, 전문가에게 조언을 구하지 않았다면 피 같은 돈 7,000만 원과 집을 모두 잃는다고 생각할 것이다.

그러나 임차인의 보증금을 최대한 구제해낼 방법이 있다. 세대 합가와 대위변제라는 2가지 수단을 동원해야 한다.

세대 합가와 대위변제

세대 합가란, 주민등록상 두 세대주가 하나의 세대로 합치는 것이다. 먼저 전입한 세대주의 전입일을 기준으로 대항력을 판단한다.

> **세대 합가**
> 등기부등본상 어떤 권리도 설정되지 않은 집에 아내가 이사 및 전입 → 근저당권 설정 → 남편이 이사와 전입(세대 합가) → 경매 진행
> 아내의 전입신고일을 남편의 전입신고일로 인정해주어, 남편도 아내와 같이 대항력이 있다.

세대 합가를 확인하는 방법은 다음과 같다. 관할 주민센터에 경매공고 인쇄물을 제출해 전입 세대 열람을 신청한다. 동거인 포함으로 발급

신청을 해야 한다. 세대주와 최초전입자 이름이 다르고, 전입일이 다르면 세대 합가다.

대위변제란, 제3자/공동채무자(연대채무자, 보증인, 불가분채무자 등)의 한 사람이 채무자/다른 공동채무자를 위해 변제하는 경우, 그 변제자는 채무자/다른 공동채무자를 상대로 구상권을 취득하는 것이다. 쉽게 말해 채권자를 대신해서 갚아주고, 채권자의 권리를 가지는 것이다.

아내의 전입신고일이 1999. 06. 29이고, 임차인 김○○의 전입신고일이 1999. 11. 27이다. 즉, 세대 합가에 해당한다. 아내의 전입신고일자 1999. 06. 29를 기준으로 대항력을 판단해야 한다. 그러면 2순위 윤필중 근저당 1999. 10. 18보다 빠르지만, 1순위 수협중앙 근저당 1998. 05. 29보다 느리다.

방해물인 1순위 수협중앙 근저당 3,600만 원을 대위변제로 말소시키면, 임차인 김○○의 대항력은 세대 합가로 대항력이 생긴다. 낙찰자가 대항력 있는 임차인의 보증금 7,000만 원을 인수해 임차인은 3,400만 원을 건질 수 있다. 안타깝게도 임차인 김○○은 이 방법을 몰랐는지 보증금 7,000만 원을 잃었다.

수익으로 이어지는 경매 지식

임차인 대항력 분석에서 세대 합가와 더불어 알아야 할 것이 있다. 동거가족만 전입신고한 경우와 점유보조자만 전입 및 점유한 경우다.

임대차계약상의 임차인이 점유만 하고 전입신고를 안 했더라도, 임차인의 동거가족(임차인과 공동생활을 영위하는 가족)이 전입신고를 했다면 동거가족의 전입신고일을 임차인의 전입신고일로 인정해준다.

　부모가 임대차계약을 해 임대차계약상의 임차인은 부모이고, 자녀만 전입과 점유가 되어 있다면, 자녀의 점유와 전입신고일을 임차인인 부모의 대항력 요건으로도 인정해준다.

전처가 남편 집의 임차인이라면
(북부4계 2013타경8113)

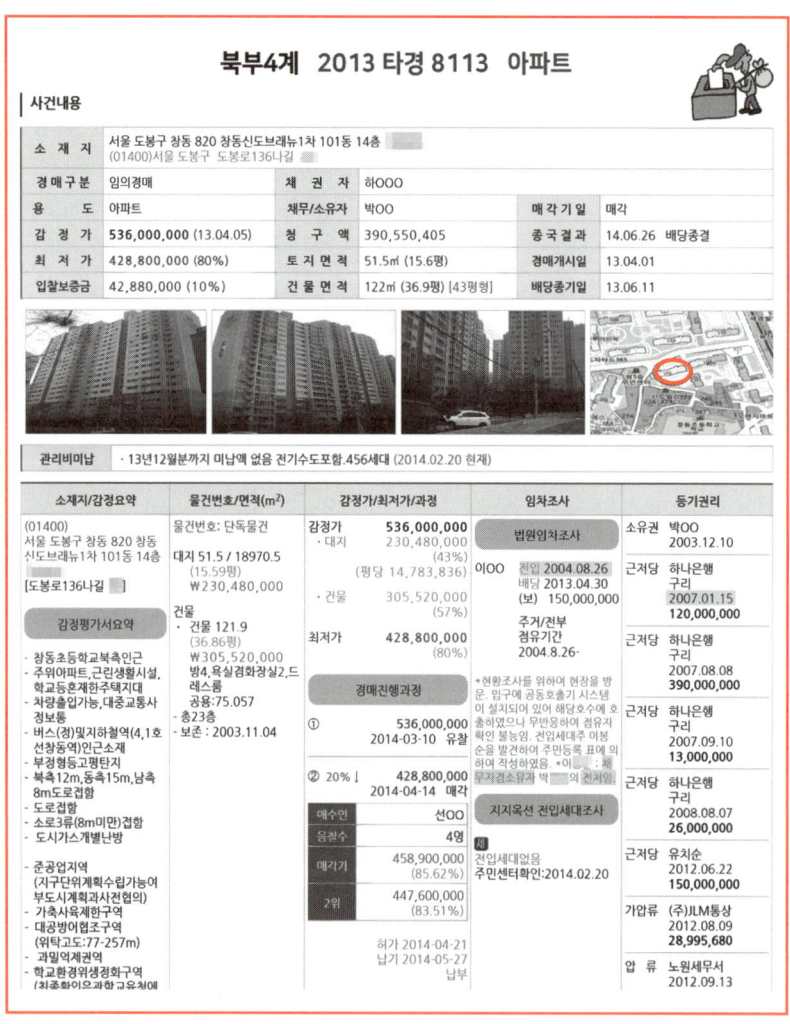

한 끗의 지식 차이로 권리분석을 다르게 하고, 투자 결과가 달라진다. 그렇기 때문에 경공매 투자자는 꾸준히 공부해야 한다. 꾸준한 공부와 지난한 실전 경험으로 남들보다 앞서나가는 한 끗 차이를 만들어가야 한다. 이를 체감할 수 있는 사례를 살펴보자.

임차인의 대항력 여부

이 경매 물건에 대한 권리분석은 크게 2가지로 나뉘었으리라 예상된다. 첫 번째는 임차인 이○○이 대항력 '있다'라고 틀린 분석을 한 경우다. 그렇게 판단한 사람들은 다음과 같이 생각했을 것이다.

임차인 이○○은의 전입신고일과 점유 시작일이 2004. 08. 26이다. 1순위 하나은행 구리 근저당권 설정일이 2007. 01. 15이다. 임차인의 대항력 발생일이 2004. 08. 27 0시이기 때문에, 임차인 이○○은 대항력 있는 임차인이다. 보증금 1억 5,000만 원인 임차인에게 배당받지 못한 잔여 보증금이 있을 경우, 낙찰자가 인수해야 한다. 이렇게 분석한 사람들은 보증금 인수 위험 때문에 입찰을 안 했을 것이다.

두 번째는 임차인 이○○은 대항력이 '없을 수도 있다'라고 옳은 분석을 한 경우다. 임차 조사에 '임차인 이○○은 채무자 겸 소유자 박○○의 전처임'이라고 적혀 있다. 법원은 부부간에 체결된 임대차계약을 인정하지 않고 있다. 즉, 부부간의 임대차관계는 불성립한다. 임대차계약서를 작성하고 임대차보증금이 오갔더라도, 부부관계면 대항력을 인정받기 힘들다.

그러면 부부였다가 이혼한 경우의 임대차를 주의해야 한다. 근저당권설정일 전에 **이혼관계**에서 임대차계약과 임대차보증금이 오갔고 임차인이 전입, 점유를 했다면, 대항력이 인정된다. 임차인의 전입신고일보다 늦게 근저당권을 설정한 채권자들은 근저당권 설정 당시 전입되어 있는 임차인의 가족관계등록부나 주민등록등본을 확인한다. 고의와 과실 없이, 알 수 없는 입장이라 알지 못한 자가 피해 보는 일이 없으므로(신의칙) 문제가 없다.

근저당권설정일 전에 **부부관계**(근저당 설정일 후에 이혼)에서 임대차계약과 임대차보증금이 오갔고 임차인이 전입, 점유를 했다면 대항력이 없다.

부부간의 임대차

일반적으로 부부는 민법상 부양의무가 있으며 원칙적으로 동거하는 부부 사이에서는 임대차계약을 체결하더라도 이를 실질적인 임대차로 인정하지 않는다.

다만, 부부 사이에서도 임대차가 성립되는 예외적인 몇 가지 경우가 존재한다. 첫 번째는 부부가 서로 다른 주소에 거주하는 경우, 두 번째는 실제 거주 및 사용의 객관적 증빙이 가능한 경우, 세 번째는 경제적 독립성이 인정되는 경우, 네 번째는 부부가 이혼한 경우다.

해당 사건의 임차인 현황을 살펴보면 대항력은 있으나 확정일자가 없어 미배당 보증금을 인수해야 하는 임차인이 존재한다. 그리고 기타란을 살펴보면 채무자 겸 소유자의 전처라고 기입되어 있다.

건물의 등기부를 살펴보면 임차인의 전입일보다 근저당이 늦게 설정되어 있다. 07년부터 08년 사이에 행해진 근저당 금액의 합계액이 5.5억 원에 달하는데, 이는 건물의 감정평가액 이상에 달하는 금액이다.

담당 직원의 실수가 없는 이상, 대항력이 있는 임차인이 있는 건물에 대출을 해주지 않거나 대출을 해준다고 하더라도 4건의 근저당을 설정할 확률은 매우 희박하다고 볼 수 있다. 자료상으로는 두 사람이 08년 시점까지는 부부관계였을 것으로 추측되지만, 실제 입찰은 추측만 가지고 하는 것은 절대 금물이므로 이에 대한 추가 조사가 필요하다.

우선변제권 행사의 일회성
(인천22계 2013타경57360)[19]

(출처 : 지지옥션)

---

19) 차건환,《정년 없는 부동산 경매》, 2020, p.61, 종전경매(우선변제권 행사의 일회성)

본건의 부동산은 경매가 총 세 차례 진행되었다. 1999타경175286, 2011타경37591, 2013타경57360의 세 차례 경매가 진행되는 동안 동일한 임차인 심○○이 점유하고 있다.

이 임차인에 대해 분석해보자. 대항력 발생일이 1996. 06. 19의 0시이고 1순위 저당권 설정일이 2013. 05. 27이므로 대항력 있는 최선순위 임차인이다. 배당 종기일 이내에 배당 신청을 했다. 우선변제권 요건을 갖추어 우선변제권이 있다.

우선변제권의 요건은 다음 4가지다.[20]

수익으로 이어지는 경매 지식

❶ 대항력 요건(주택인도+주민등록)을 갖출 것
❷ 확정일자를 받을 것
❸ 임차주택이 경공매로 매각되었을 것
❹ 배당요구를 할 것

우선변제권의 일회성

그렇다면 임차인은 2013타경57360에서 '우선변제권에 의한' 배당을 받을 수 있을까? 그렇지 않다.

1999타경175286은 취소되었고, 2011타경37591에서 소유권이 이전되었다. 임차인 심○○은 2011타경37591에서 우선변제권 행사를 했다.

---

20) 차건환,《정년 없는 부동산 경매》, 2020, p.60, 우선변제권의 요건

(출처 : 지지옥션)

    이 사례처럼, 대항력과 우선변제권 2가지 권리를 가지고 있는 임차인이 종전 경매에서 우선변제권을 행사한 경우에는 주의해야 한다. 종전 경매에서 우선변제권을 행사했으므로, 임차인의 우선변제권은 소멸된다. 즉, 우선변제권 행사는 일회성이다. 그다음 경매 절차에서 일반채권자의 지위에서 배당받는다.

다만 임차인의 대항력은 일회성이 아니다. 종전 경매에서 대항력을 행사해 미배당 보증금을 낙찰자에게 받을 때까지 임대차관계의 존속을 주장했더라도, 다음 경매에서 똑같이 대항력을 행사할 수 있다. 즉 대항력 있는 선순위 임차인은 보증금 인수 위험 요인으로서 계속해서 따라다닌다.

우선변제권을 종전 경매 절차에서 행사하지 않은 경우에는 일회의 우선변제권이 있기 때문에 다음 경매 절차에서 우선변제권으로 배당요구를 할 수 있다.

종전 경매(2011타경37591)에서 배당 종기일 내에 배당 신청을 했다. 우선변제권을 행사해 우선변제권이 소멸되었다. 다음 경매(2013타경57360)에서는 일반채권자의 지위에서 배당받고, 미배당 보증금은 낙찰자가 인수한다.

임차인의 미배당 보증금과 낙찰자 인수금액

임차인 현황을 살펴보면 기타 란에 본 사건의 임차인 심○○은 종전 사건의 임차인이라고 기재되어 있다. 그리고 건물등기부를 살펴보면, 현 소유자인 ㈜혁진○○○는 종전 경매(2011타경37591)에서 소유권을 취득했음을 알 수 있다.

종전 사건 2011타경37591의 임차인 현황을 살펴보면 심○○은 대항력이 있는 임차인이고, 배당요구 종기일까지 배당을 요구했으며 확정일자도 갖추고 있다. 즉 대항력과 우선변제권이 있는 임차인이나.

심○○은 최우선변제 소액임차인의 자격으로 800만 원에 대해 가장 먼저 배당을 받게 되고, 남은 보증금 1,200만 원에 대해서는 순위배당을 받게 되는데, 확정일자가 가장 빠르므로 제일 먼저 배당을 받게 된다. 그런데 현 경매 사건에서 낙찰금액이 300만 원밖에 되지 않으므로 임차인 심○○은 300만 원에 대해서 배당을 받는다. 미배당 보증금 1,700만 원은 낙찰자가 인수하게 된다.

그리고 본 사건을 분석해보면 종전 임차인인 심○○과 낙찰자가 재계약을 하는 경우, 낙찰자가 소유권을 취득하는 즉시 임차인은 대항력을 취득한다. 따라서 임차인의 전입 일자는 2013. 04. 19이며 대항력 있는 임차인이지만, 우선변제권은 종전 경매 사건에서 사용했기 때문에 낙찰자가 임차인 심○○의 미배당 보증금을 전액 인수해야 한다.

최우선변제 소액임차인의 자격으로 1,400만 원에 대해 우선해서 배당되어야 하는데, 낙찰금액이 550만 원이므로 550만 원만 배당받고 남은 미배당 보증금 1,450만 원은 낙찰자가 인수한다.

수익으로 이어지는 경매 지식

예외가 있으니 기억하자. 임차인이 종전 경매 절차의 매수인과 새로운 임대차계약을 하고 그 계약서로 확정일자를 받았다면, 그에 기초해 새로운 우선변제권을 갖는다. 그래서 다음 경매 절차에서 우선변제권을 행사해 우선변제권에 의한 배당을 받을 수 있다.

투자 손실 막는 실전 팁

　대항력과 우선변제권을 모두 가진 임차인이 우선변제권을 행사해 '일부만 배당'받고, 미배당 보증금에 대해 대항력을 행사해 임차목적물 전부를 계속해서 사용·수익할 수 있다. 이는 낙찰자는 금전적·시간적 손실로 이어진다. 이 경우, 낙찰자는 임차인을 상대로 임차인이 배당받은 보증금에 대한 부당이득반환 청구를 할 수 있다. 배당받은 보증금 일부에 대해서는 부당이득을 얻고 있는 것이기 때문이다.

미등기 주택의 임차인은
토지에 우선변제권이 있을까?
(성남1계 2001타경1708)

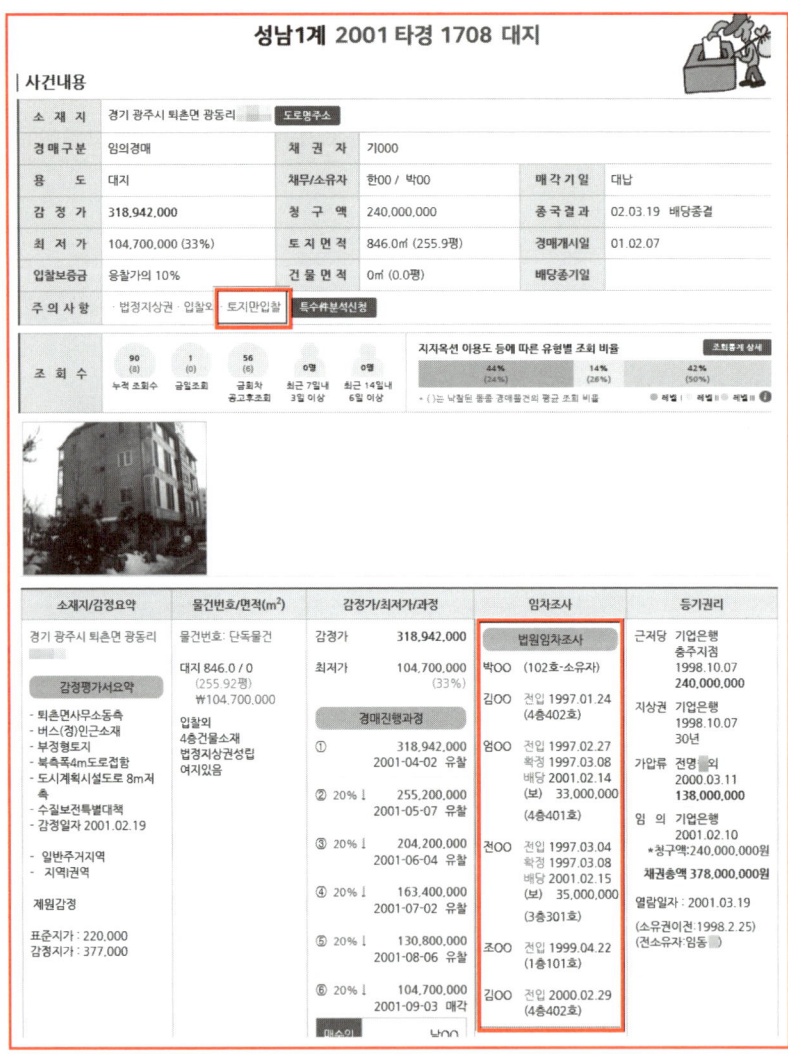

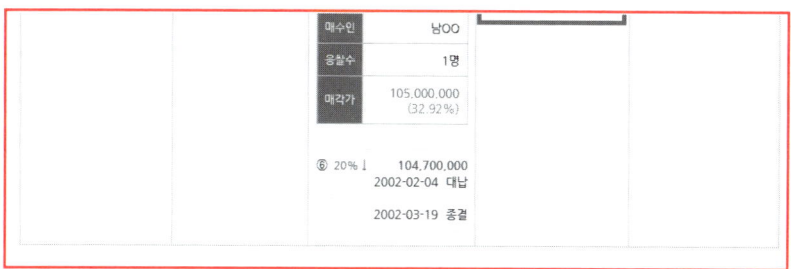

(출처 : 지지옥션)

　미등기건물이란, 건축허가 또는 건축신고 등을 받아 착공한 후 건축주의 사정으로 건축이 중단되어 건물로서의 요건을 갖춘 상태에서 사용승인을 받지 못하는 등의 사정으로 소유권보존등기를 마치지 못한 건물을 말한다. 그리고 무허가건물이란, 건축허가나 건축신고 없이 건물을 신축해 사용 중인 건물로서 건축물대장이나 등기가 없는 건물을 의미한다.

　미등기건물은 사용승인을 받지 않아 건축물대장이 없는 경우에도 채권자에 의한 가압류, 가처분, 강제경매 신청에 따른 직권보존등기가 가능하다. 무허가건물은 허가나 신고가 없는 경우이므로 미등기건물과 같이 직권보존등기를 허용한다면 이를 악용해 요건이 까다로운 건축법을 우회하는 경우가 생길 수 있기 때문에 허용되지 않는다.

　이 사례는 제시 외 건물이 존재하는 토지만의 경매 건으로, 미등기주택인 제시 외 건물의 임차인들이 토지의 낙찰 대금에서 우선변제권을 행사할 수 있는지가 쟁점이었다. 이에 대한 대법원의 판결이 존재한다.

대법원 2007. 6. 21 선고 2004다26133 전원합의체 판결

【판시사항】

[3] 미등기주택의 임차인이 임차주택 대지의 환가대금에 대하여 주택임대차보호법상 우선변제권을 행사할 수 있는지 여부 (적극)

【판결요지】

[3] 대항요건 및 확정일자를 갖춘 임차인과 소액임차인에게 우선변제권을 인정한 주택임대차보호법 제3조의 2 및 제8조가 미등기주택을 달리 취급하는 특별한 규정을 두고 있지 아니하므로, 대항요건 및 확정일자를 갖춘 임차인과 소액임차인의 임차주택 대지에 대한 우선변제권에 관한 법리는 임차주택이 미등기인 경우에도 그대로 적용한다. 이와 달리 임차주택의 등기 여부에 따라 그 우선변제권의 인정 여부를 달리 해석하는 것은 합리적 이유나 근거 없이 그 적용 대상을 축소하거나 제한하는 것이 되어 부당하고, 민법과 달리 임차권의 등기 없이도 대항력과 우선변제권을 인정하는 같은 법의 취지에 비추어 타당하지 아니하다. 다만, 소액임차인의 우선변제권에 관한 같은 법 제8조 제1항이 그 후문에서 '이 경우 임차인은 주택에 대한 경매 신청의 등기 전에' 대항요건을 갖추어야 한다고 규정하고 있으나, 이는 소액보증금을 배당받을 목적으로 배당 절차에 임박하여 가장 임차인을 급조하는 등의 폐단을 방지하기 위하여 소액임차인의 대항요건의 구비 시기를 제한하는 취지이지, 반드시 임차주택과 대지를 함께 경매하여 임차주택 자체에 경매 신청의 등기가 되어야 한다거나 임차주택에 경매 신청의 등기가 가능한 경우로 제한하는 취지는 아니라 할 것이다. 대지에 대한 경매 신청의 등기 전에 위 대항요건을 갖추도록 하면 입법 취지를 충분히 달성할 수 있으므로, 위 규정이 미등기주택의 경우에 소액임차인의 대지에 관한 우선변제권을 배제하는 규정에 해당한다고 볼 수 없다.

즉, 미등기주택의 토지만 매각의 경우에도 미등기주택의 임차인은 그 낙찰 대금에 대해 우선변제권 행사가 가능하고, 소액임차인은 소액임차인으로서 최우선변제를 받을 수 있다.

채권은행은
'채권 회수를 위해' 움직인다
(남부9계 2013타경11093)

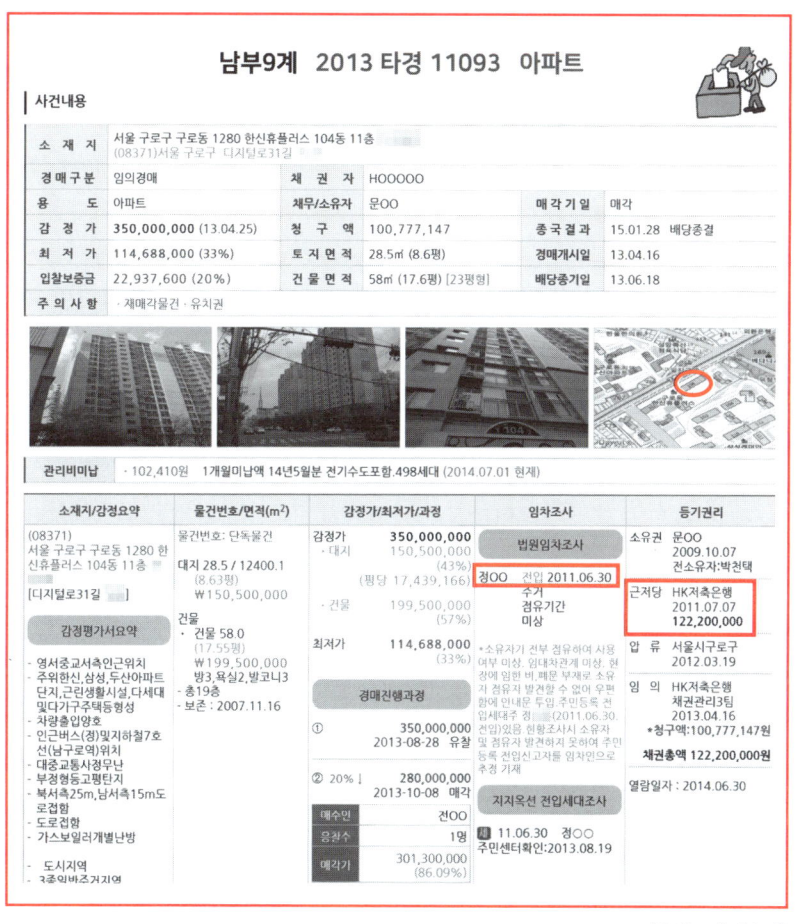

(출처 . 지지옥션)

이 경매 물건은 2번이나 미납되었다. 이 사례처럼 수차례 미납된 경매 물건을 분석하면 많은 공부가 된다. 미납 이유를 파헤쳐보자.

매각물건명세서를 보니 성립 여부 불분명한 유치권 신고 2건, 임대차보증금이 불명확한 임차인이 있다.

참고사항
- 1. 김영환(새롬인테리어)으로 부터 2013.10.14.인테리어공사대금 30,000,000원을 위한 유치권신고 있으나 성립여부 불분명
- 2. 임차인 정대훈으로부터 3,980,000원 유치권신고 있으나, 성립여부 불분명(2014.3.10.)
- 3. 임대차보증금 2억 3천만 원의 임대차계약서 사본이 제출되어 있으나, 불명확함

(출처 : 지지옥션)

근저당권자는 담보로 제공된 건물에 대해 담보가치를 조사한다. 이때 대항력 있는 선순위 임차인이 있으면 은행에서 대출해주지 않는다. 임차인이 임대차 사실을 부인하고 임차인으로서의 권리를 주장하지 않겠다는 내용의 무상거주확인서를 제출해야 대출해준다. 그래서 대항력 있는 선순위 임차인이 있는데 은행으로부터 근저당이 설정되었다면, 가장임차인 혹은 대항력 없는 무상임차인일 확률이 높다. 그러나 어디까지나 확률일 뿐이다. 고액의 경공매 물건에 높은 확률만 보고 모험해서는 안 된다. 팩트를 체크해야 한다.

진실을 알고 있는 사람은 임차인, 임대인, 근저당권자다. 그중에서 그나마 답을 들을 수 있을 것 같은 상대를 꼽으면 근저당권자다. 채권은행의 담당자에게 전화해서 물어보면 솔직하게 알려줄까?

투자 손실 막는 실전 팁

어떤 사람들은 전화해서 물어보면 채권 회수를 위해 협조해준다고 가르친다. '채권은행이 협조해주는구나' 하고 배우면 안 된다. 저 가르침에서 채권은행은 '채권 회수를 위해' 움직인다는 것을 배워야 한다. 즉, 채권은행은 고액의 채권을 회수하기 위해 거짓말을 할 수도 있다. 이 사례가 그랬다.

채권은행은 대항력 있는 선순위 임차인이 있음에도 대출을 해줬다. 보증금이 2억 3,000만 원이고, 대항력 있는 진성 임차인인 것이다.

각 채권자에게 배당되는 금액은 본래의 배당할 금액(매각대금+지연이자+항고보증금+전 매수인의 매수보증금+보관금 이자)에서 집행비용을 공제한 금액이다. 대항력 있는 선순위 임차인의 보증금을 감안해서 저가 낙찰되면 채권은행이 전액 배당받아 채권 전부를 회수할 수 있을지 불확실한 상황이었다. 전 매수인들의 몰수된 매수보증금이 있으면 저가 낙찰되더라도 전액 배당받아 채권 전부를 회수할 수 있었다. 그래서 가장 임차인이라고 거짓말을 했다.

이 사례를 통해 고액의 경공매 물건에 높은 확률만 보고 모험해서는 안 된다는 것, 임차인·임대인·채권자 등 경공매 물건에 얽힌 모두가 철저하게 자기 이익을 위해 움직인다는 것을 배우자.

우선변제의 요건과 유지 방법 : 실무에서의 주의사항

(순천 2015타경51156)

    대법원 2007. 6. 14 선고 2007다17475판결에서는 주택임대차보호법상 우선변제의 요건인 주택의 인도(점유)와 주민등록(전입)을 민사집행법상 배당요구의 종기까지 계속 존속하고 있어야 한다고 판시한다.

대법원 2007. 6. 14 선고 2007다17475 판결

【판시사항】
주택임대차보호법상 우선변제의 요건인 주택의 인도와 주민등록의 존속 기간의 종기(=민사집행법상 배당요구의 종기)

【판결요지】
주택임대차보호법 제8조에서 임차인에게 같은 법 제3조 제1항 소정의 주택의 인도와 주민등록을 요건으로 명시하여 그 보증금 중 일정액의 한도 내에서는 등기된 담보물권자에게도 우선하여 변제받을 권리를 부여하고 있는 점, 위 임차인은 배당요구의 방법으로 우선변제권을 행사하는 점, 배당요구 시까지만 위 요건을 구비하면 족하다고 한다면 동일한 임차주택에 대하여 주택임대차보호법 제8조 소정의 임차인 이외에 같은 법 제3조의 2 소정의 임차인이 출현하여 배당요구를 하는 등 경매 절차상의 다른 이해관계인들에게 피해를 입힐 수도 있는 점 등에 비추어 볼 때, 공시 방법이 없는 주택임대차에 있어서 주택의 인도와 주민등록이라는 우선변제의 요건은 그 우선변제권 취득 시에만 구비하면 족한 것이 아니고, 민사집행법상 배당요구의 종기까지 계속 존속하고 있어야 한다.

대법원 판례의 해석과 실무

주택의 인도(점유)와 주민등록(전입)은 대항력의 요건이기도 하다.

위의 대법원 판례를 어설프게 이해하면 이렇게 생각할 수 있다.

'전액배당받을 수 있고 대항력 있는 선순위 임차인이 배당요구 종기일까지 우선변제 요건을 유지하고 배당요구 종기일 이내에 배당요구를 했다면, 배당요구 종기일이 지나서 이사를 가더라도 대항력과 배당에 문제가 없을 것이다.'

그러나 실상은 그렇게 단순하지 않다. 경매가 취하되었다가 다시 경매가 신청되어 개시되는 상황에서는 임차인에게는 문제가 되고, 투자자와 채권자에게는 기회가 될 수 있다. 취하 후 다시 경매가 진행되면, 배당요구 종기일이 지나서 이사 간 임차인은 대항력 요건과 우선변제권 요건이 없기 때문에 대항력도 없고 배당도 못 받아 보증금을 전부 잃는다. 뒤늦게 재전입해도, 재전입을 기준으로 대항력과 우선변제권을 판단하기 때문에 취하 후 다시 진행된 경매에서는 대항력이 없고 배당 순위가 밀릴 위험이 있다.

이런 불상사를 방지하기 위해서는 매각대금이 납부될 때까지는 우선변제의 요건을 유지해야 한다.

(출처 : 지지옥션)

법원 임차 조사와 유료 경매 사이트의 임차인 전입 일자가 다른 이유

이 경매 사건의 배당요구종기일은 2015. 12. 07이다. 법원 임차 조사에서 확인한 임차인 손○○의 전입 일자는 2011. 11. 04이다. 법원은 집행관에게 경매가 진행되는 부동산의 현상, 점유관계, 차임 또는 보증금의 액수, 그밖에 현황에 관한 현황 조사를 명한다. 집행관은 전입 세대 열람을 통해 주민등록법상 전입 세대가 있는지, 있다면 전입일·확정일자·보증금·차임 등을 조사한다.

그런데 유료 경매 사이트 전입 세대 조사의 임차인 손○○ 전입 일자는 2016. 01. 11이다. 왜 이런 차이가 생기는 걸까?

집행관의 현황 조사일은 2015. 09. 09이고, 유료 경매 사이트의 전입 세대 조사일은 2016. 06. 14이다. 집행관의 현황 조사일(2015. 09. 09) 당시에는 전입 세대 열람 내역상 임차인의 전입일이 2011. 11. 04였으나, 그 후 임차인이 전출했다가 2016. 01. 11에 재전입해 유료 경매 사이트의 전입 세대 조사일(2016. 06. 14)에 확인한 임차인의 전입 일자가 달라진 것이다.

이 상황을 투자자 입장에서 판단해보자. 배당요구종기일 2015. 12. 07까지 전입을 유지했는지, 안 했는지에 따라 임차인의 대항력 유무가 달라진다. 만약 임차인이 배당요구종기일 전에 전출했다는 증거를 찾아내고 낙찰받는다면 성공한 투자가 될 것이다.

다음으로 경매 신청 채권자인 캐피탈 입장에서 판단해보자. 진행 중인 경매에서는 임차인이 대항력 있으면서 확정일자가 늦어 임차인 보증금을 낙찰자가 전액 인수해야 한다. 인수금액 때문에 저가 낙찰되면 채권 전액 회수가 어려울 수 있다. 캐피탈 입장에서는 임차인의 대항력이 채권 회수의 걸림돌이다. 그래서 만약 진행 중인 경매를 취하시킨 후 다시 경매를 신청한다면, 재전입한 임차인은 대항력 없고 확정일자가 늦어 보증금을 손해 보는 임차인으로 선락하고, 캐피탈은 채권을 전액 회수할 수도 있다.

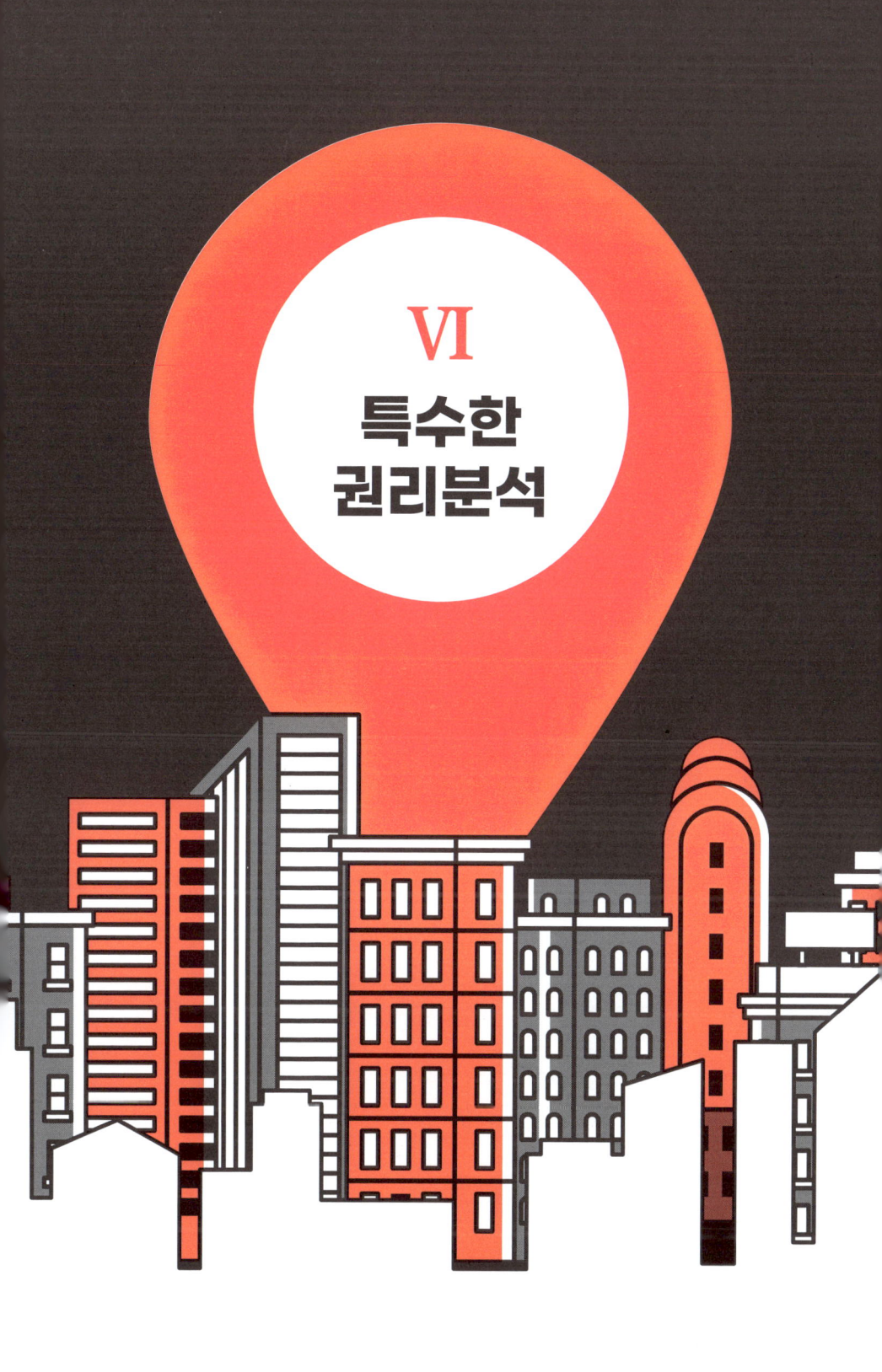

무시무시한 압류의 처분금지효력 :
소유권을 좌우한다
(여주 2018타경33256)[21]

경매가 진행되는 동안 돈이 급한 채무자가 경매 대상 부동산을 제3자에게 매도해버린 상황을 상상해보자. 이 경우, 제3자와 낙찰자 중 경매 대상 부동산의 소유권은 누가 취득할까?

이에 대한 답은 '압류의 처분금지효력'에서 얻을 수 있다.

경매개시결정 이후에는 압류의 효력이 발생한다. 경매개시결정이 채무자에게 송달된 때 또는 경매개시결정등기가 경료된 때 중에서 먼저 행해진 날부터 그 효력이 발생한다. 상대적 효력만 있어서 경매 신청 채권자에 대해서는 대항할 수 없다. 즉, 압류의 효력이 발생한 후에 채무자가 경매 대상 부동산을 제3자에게 매도 시, 그 매매의 효력은 매매 당사자(채무자와 제3자) 간에만 효력이 있고 낙찰자에게는 매매로서 대항하지 못한다.

쉽게 말하면, 낙찰자가 경매 대상 부동산의 소유권을 취득하는 것이다.

다만 예외 상황이 있다. 경매개시결정 송달 후부터 경매개시결정등기 전에 소유권을 취득한 제3자는 경매 신청 또는 압류가 있었다는 사실을 몰랐다면 압류의 효력을 부인할 수 있고(매매로서 대항할 수 있다), 그

---

21) 네이버 카페 '경공매를 통한 부자 클라이밍(구 돈줄경매)', https://cafe.naver.com/donzzul22/1429

사실을 알았으면 압류의 효력을 부인할 수 없다(매매로서 대항할 수 없다).

'압류의 처분금지효력'을 사례와 함께 살펴보자.

소재지/감정요약	물건번호/면적(m²)
(12572) 경기 양평군 강상면 신화리 ▨▨▨ [강상로353번길 ▨▨]	물건번호: 단독물건 대지 658.0 (199.05평) ₩134,890,000

(출처 : 지지옥션)

2018. 10. 05 경매개시결정기입등기일(압류의 효력발생일)에는 경매 대상 토지가 1필지(442-1, 면적 658㎡)였다.

[토지] 경기도 양평군 강상면 신화리 ▨▨▨

【 표 제 부 】 (토지의 표시)

표시번호	접 수	소 재 지 번	지목	면적	등기원인 및 기타사항
1 (전 3)	1981년8월17일	경기도 양평군 강상면 신화리 ▨▨	전	658㎡	
					부동산등기법 제177조의 6 제1항의 규정에 의하여 2001년 12월 10일 전산이기
2	2006년4월7일	경기도 양평군 강상면 신화리 ▨▨	대	658㎡	지목변경
3	2018년12월17일	경기도 양평군 강상면 신화리 ▨▨	대	633㎡	분할로 인하여 대 25㎡를 경기도 양평군 강상면 신화리 442-3에 이기

(출처 : 등기부등본)

그런데 토지 등기사항전부증명서를 보면 2018. 12. 17에 해당 토지가 2필지(❶ 442-1, 면적 633㎡ / ❷ 442-3, 면적 25㎡)로 분할된 것을 확인할 수 있다.

1필지의 신화리 442-1(658㎡)가 위 사진처럼 2필지로 분할되었다.
❶ 신화리 442-1(633㎡)
❷ 신화리 442-3(25㎡)

☐ : 제3자(이웃)가 경매 대상 토지의 일부를 건물 부지로 점유 중

(출처 : 카카오맵)

우리는 위성사진, 토지 등기사항전부증명서 등을 종합해서 이 물건에 얽힌 이야기를 추론할 수 있다. 이 경매 대상 토지의 일부는 이웃이 건물 부지로 점유 중이다. 돈이 필요한 채무자는 토지가 경매 진행 중임에도 이웃에게 건물 부지로 사용 중인 부분을 분할해서 사갈 것을 제안하고, '압류의 처분금지효력'에 대해 몰랐던 이웃은 돈을 주고 매수했을 확률이 높다.

낙찰자와 이웃은 분할매각된 442-3 토지의 소유권이 서로 본인에게 있다고 주장할 것이다.

사건 경위

2018. 10. 05 경매개시결정기입등기일(압류의 효력 발생일)

2018. 12. 17 경매 대상 토지의 분할

이 사건의 경위를 봤을 때, 압류의 처분금지효력으로 인해 낙찰자가 잔금 납부와 동시에 경매 대상 토지 전부에 대한 소유권을 취득한다.

협상 전략 :
지분낙찰 후 공유물가액분할 시 세금
(여주 2016타경8232)

(출처 : 지지옥션)

소액 특수경매는 법적인 절차와 협상을 통해 이해관계인에게 재매도하는 투자 방식이다. 토지 지분을 낙찰받은 후 수익으로 가는 길은 여러 가지가 있다.

이해관계인과 협상의 방법

토지 지분 낙찰 후 내용증명과 협상만으로 매도되는 경우가 있고 협상이 쉽게 이뤄지지 않아 부당이득 반환 청구, 공유물 분할 청구, 건물 철거 소송 등 민사 소송과 협상을 병행하는 과정에서 매도되는 경우가 있다. 그래서 특수경매 투자자는 물건 선별이라는 첫 단추를 잘 끼우고, 낙찰 후에는 관련 소송과 협상에 대한 지식과 기술로 최대한 매끄럽고 빠르게 매도해내야 한다.

이 사례는 공유물 분할 청구 소송과 협상을 병행해 이해관계인 매도에 성공했다. 협상 전략의 중요성이 두드러지는 사례다.

　공유물 분할 청구 소송이란 공유물 분할에 관한 협의가 성립되지 않은 경우, 공유자가 법원에 그 분할을 청구하는 것이다. 공유물 분할 청구 소송에서는 현물분할이 원칙이고, 공유물을 경매해 그 대금을 분할하는 대금 분할이 예외다. 공유물 분할 청구 소송에서 분할 방법이 대금 분할로 정해지면, 공유물 분할을 위한 형식적 경매를 신청해 진행한다.

　이 과정에서 협상의 주도권을 잡을 수 있는 무기 중 하나가 양도소득세이다. 만약 형식적 경매로 매각되어 매각대금을 분할해 각 지분권자들이 나누어 가지게 되면, 높은 양도소득세가 부과될 수 있다. 기존 지분권자들 입장에서는 필요한 부동산이 형식적 경매로 매각되어 지분을 잃고 높은 양도소득세까지 부담하느니, 지분 낙찰자의 지분을 적당한 가격에 사들이는 게 합리적이다. 이를 기존 지분권자들에게 잘 설명하고, 기존 지분권자들이 저항심을 갖지 않을 정도의 적당한 가격에 매도를 제안해 협상에 성공했다.

잔금 미납 시 입찰보증금 몰수 :
매각불허가 사유 찾아내 입찰보증금 반환받기
(전주 2017타경33723)

 이 경매 물건은 2차 매각기일에 매각되었으나 매각불허가되었다. 그로 인해 3차 매각기일이 진행되었고, 공유자가 우선매수권을 행사했다. 여기에는 2차 매각기일의 최고가 매수 신고인과 3차 매각기일에 우선매수권을 행사한 공유자 간에 내막이 있다.

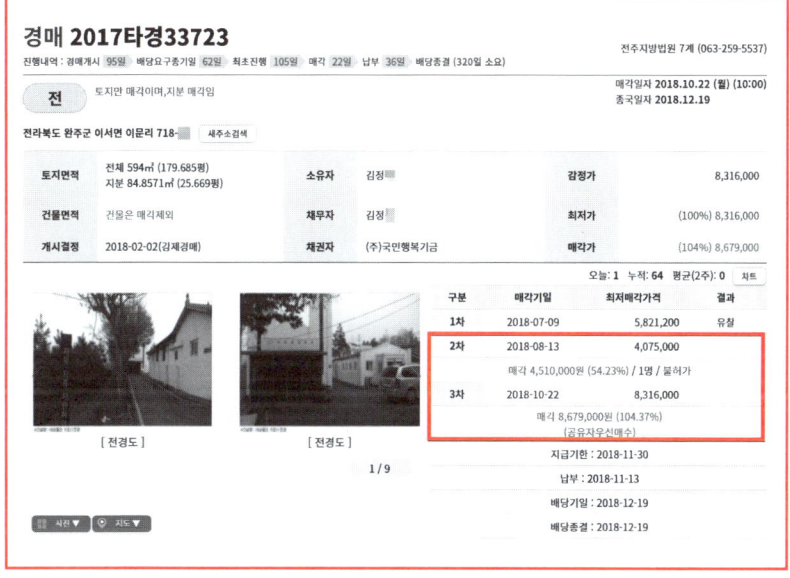

(출처 : 탱크옥션)

VI. 특수한 권리분석

이해관계자와 면담과 전략

토지 지분 매각이고, 지상에는 매각에서 제외되는 제시 외 건물이 있다. 2차 매각기일의 최고가 매수 신고인은 낙찰받은 후, 제시 외 건물을 확인하고 토지 지분권자를 만나기 위해 경매 대상 물건의 주소지에 찾아갔다.

교회에 들어가니 목사님이 있었다. 대화를 통해 목사님이 토지의 지분권자임을 알게 되었다. 잔금을 미납하는 대신 입찰보증금을 상회하는 금전적 대가를 받기로 협상했다. 잔금 미납으로 다음 매각기일이 진행되면, 지분권자인 목사님이 공유자 우선매수권을 행사해 낙찰받을 수 있도록 하는 것이다.

그런데 최고가 매수 신고인은 잔금 미납 시 입찰보증금을 몰수당한다. 잔금 미납에 따른 금전적 대가를 받았더라도, 그와 별개로 입찰보증금을 회수해낼 방법을 찾아봐야 한다.

최고가 매수 신고인은 매각결정기일까지 매각불허가 신청 또는 매각 허가에 대한 이의 신청을 할 수 있다. 그 사유가 민사집행법 제121조 1~7호 중 어느 하나에 해당되어야 매각불허가 신청 또는 매각 허가에 대한 이의 신청이 받아들여지고, 매각불허가결정이 내려진다. 매각불허가결정이 확정되면 최고가 매수 신고인은 매수 신청보증금 환급 신청을 해서 입찰보증금을 돌려받을 수 있다.

> 민사집행법 제121조(매각 허가에 대한 이의 신청 사유) 매각 허가에 관한 이의는 다음 각호 가운데 어느 하나에 해당하는 이유가 있어야 신청할 수 있다.
>
> 1. 강제집행을 허가할 수 없거나 집행을 계속 진행할 수 없을 때

2. 최고가 매수 신고인이 부동산을 매수할 능력이나 자격이 없는 때
3. 부동산을 매수할 자격이 없는 사람이 최고가 매수 신고인을 내세워 매수 신고를 한 때
4. 최고가 매수 신고인, 그 대리인 또는 최고가 매수 신고인을 내세워 매수 신고를 한 사람이 제108조 각호 가운데 어느 하나에 해당되는 때
5. 최저매각가격의 결정, 일괄 매각의 결정 또는 매각물건명세서의 작성에 중대한 흠이 있는 때
6. 천재지변, 그 밖에 자기가 책임을 질 수 없는 사유로 부동산이 현저하게 훼손된 사실 또는 부동산에 관한 중대한 권리관계가 변동된 사실이 경매 절차의 진행 중에 밝혀진 때
7. 경매 절차에 그 밖의 중대한 잘못이 있는 때

이 사례는 5호(최저매각가격의 결정, 일괄 매각의 결정 또는 매각물건명세서의 작성에 중대한 흠이 있을 때)에 해당된다. 이 사례에서 '중대한 흠'은 무엇일까? 판례에 따르면, 농지취득자격증명(일명, 농취증)이 필요하지 않은 토지임에도 매각물건명세서 및 매각기일 공고에 농취증이 필요하다고 작성된 것은 중대한 흠이므로 매각불허가 사유에 해당한다.

> 매각목적물의 취득에 농지법 소정의 농지취득자격증명이 필요하지 않음에도 불구하고 매각물건명세서 및 매각기일 공고가 이와 반대의 취지로 작성된 것은 매각불허가 사유에 해당한다(대결 2003. 12. 30 2002마1208).

본건 토지에 소재하는 교회 건물은 1984년에 사용승인되었고, 건축물대장이 존재한다. 건축물대장의 건물과 현황 건물이 일치한다.

(출처 : 건축물대장)

즉 본건 토지는 합법적으로 농지전용되어 현황상 농지로 사용되지 않기 때문에 '농지법'에 의한 농지가 아니다. '농지법'에 의한 농지[22]에 해당하지 않으면 농취증 미발급(반려) 사유다. 이는 농취증 반려 사유인 '농지취득자격증명발급심사요령' 제9조(자격증명의 발급) 1호에 해당한다.

수익으로 이어지는 경매 지식

'농지취득자격증명발급심사요령' 제9조(자격증명의 발급)
제3항 시·구·읍·면장은 신청인이 법 제2조 제1호에 따른 농지가 아닌 토지, 자격증명을 발급받지 아니하고 취득할 수 있는 농지 또는 '농지법'을 위반해 불법으로 형질 변경한 농지 등에 대해 자격증명의 발급을 신청한 경우로서 제2항에 해당하는 경우에는 **그 자격증명 미발급 사유를 아래의 예시**와 같이 구체적으로 기재해야 한다.

1	신청 대상 토지가 법 제2조 제1호에 따른 농지에 해당하지 아니하는 경우 → 신청 대상 토지가 '농지법'에 의한 농지에 해당되지 않는 경우	대표적인 예 : 합법적으로 전용되어 농지가 아닌 경우
2	신청 대상 농지가 자격증명을 발급받지 아니하고 취득할 수 있는 농지인 경우 → 신청 대상 농지는 농지취득자격증명을 발급받지 아니하고 취득할 수 있는 농지임('도시계획구역 안 주거지역으로 결정된 농지' 등 해당 사유를 기재)	주거지역, 공업지역, 도시계획시설예정지구 등의 용도지역 안에서 지목이 전, 답, 과인 경우
3	신청인의 농지취득 원인이 자격증명을 발급받지 아니하고 농지를 취득할 수 있는 것인 경우	대표적인 예 : 상속

---

[22] '농지법'에 의한 농지란 논, 밭 또는 과수원 기타 그 법적 지목 여하에 불구하고 실제의 토지 현상이 농작물의 경작 또는 다년생 식물재배지로 이용되는 토지 및 그 토지의 개량시설과 그 토지에 설치하는 농축산물시설을 말한다. 다만 '초지법'에 의해 조성된 초지 등은 제외한다. 판례는 농지의 판단 기준으로 토지의 실제 현황 및 농지로 원상회복의 용이성을 들고 있다.

4	신청 대상 농지가 '농지법'을 위반해 불법으로 형질이 변경되었거나 불법 건축물이 있는 농지인 경우 → 신청 대상 농지는 취득 시 농지취득자격증명을 발급받아야 하는 농지이나 불법으로 형질이 변경되었거나 불법 건축물이 있는 부분에 대한 복구가 필요하며, 현 상태에서는 농지취득자격증명을 발급할 수 없음	즉, 지상에 불법 건축물이 있는 경우

※ 대체로 1, 2, 3호로 반려되면 매각허가결정이 되지만, 4호로 반려되면 매각불허가결정이 된다.

본건 토지가 농취증 신청에 대한 미발급(반려) 사유에 해당되는 농취증 미발급 대상임에도, 경매법원의 매각물건명세서 및 매각기일 공고에서 농취증이 필요하다고 작성한 중대한 흠이 있기 때문에 매각불허가 사유에 해당한다.

매각불허가결정과 입찰보증금 반환이라는 목적 달성을 위해서는 지인을 통해 농취증 미발급 대상이라는 결론을 받아내는 게 중요하다. 그래서 지인이 농취증 반려증을 받아냈다. 농취증 반려증 제출 후 매각불허가 신청을 하고, 매각불허가결정이 내려져 입찰보증금을 반환받을 수 있었다.

분양대금 미납이 부른 대지권미등기
(고양 2014타경28318)

대지권이란?

대지권이란 집합건물의 구분소유자가 건물 부분(전유 부분)을 소유하기 위해 건물이 소재하는 대지에 대해 가지는 권리다. 토지 소유자는 대지권이 없는 건물의 소유자에게 건물철거를 청구할 수 있고(또는 구분소유권을 시가로 매도할 것을 청구할 수 있음), 불법점유로 인한 임료 상당의 부당이득금을 지불을 청구할 수 있으며, 건물 소유자나 대항력이 있는 임차인을 퇴거 청구할 수 있다.

만약 대지권이 없다면?

대지권이 없는 아파트 소유자는 아파트 부지를 불법점유하고 있는 것으로 본다. 아파트의 대지권으로 등기되어야 했던 토지 지분에 상응하는 면적의 임료에 대해 불법 점유로 인한 부당이득을 얻고 있다. 토지에 대한 임료 상당의 부당이득금을 토지 소유자에게 지료로 지불해야 한다. 그 금액은 나대지 상태를 기준으로 한다.

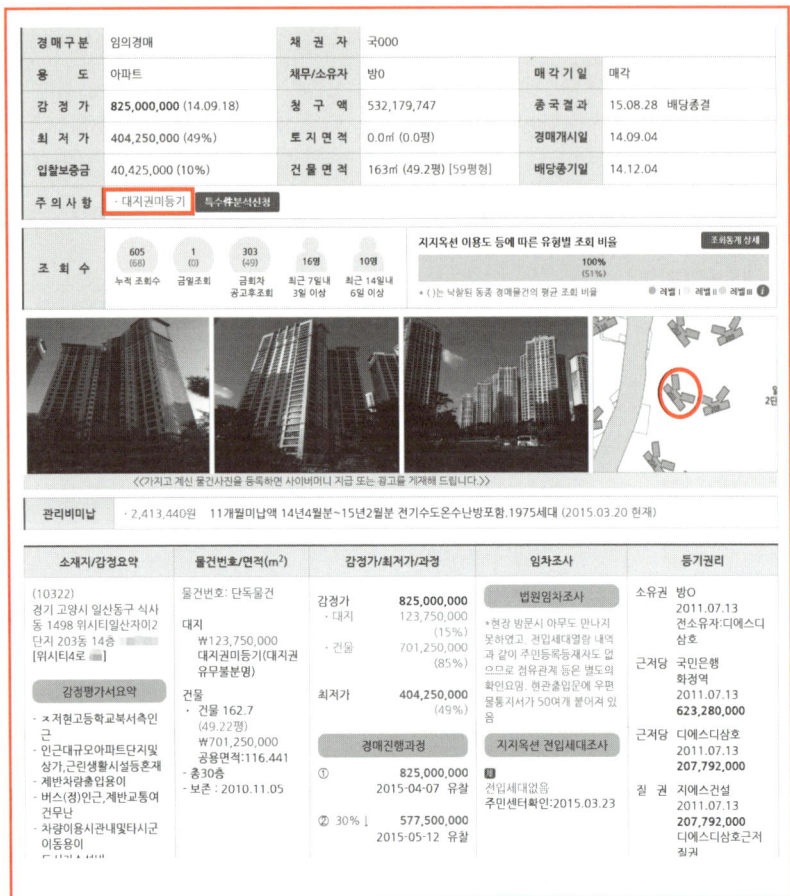

(출처 : 지지옥션)

이 사례에서는 분양 시행사가 대지권을 포함해 아파트를 분양했으나, 수분양자가 분양대금을 미납해서 전유 부분에 대해서만 소유권보존등기가 되고 대지권은 미등기인 상태로 경매가 진행되었다.

분양대금 미납으로 인한 대지권 미등기 건물을 낙찰받으면, 낙찰자가 대지사용권을 취득한다. 낙찰자는 분양 시행사에서 수분양자로, 수

분양자에서 낙찰자로 순차적으로 대지권에 관한 소유권이전등기 절차를 마쳐줄 것을 구하거나 분양자를 상대로 대지권변경등기 절차를 마쳐줄 것을 구할 수 있다. 분양 시행사는 이에 대해 수분양자의 분양대금 미지급을 이유로 동시이행항변을 할 수 있다. 동시이행항병권이란, 계약에 따라 쌍방 모두가 의무를 부담하는 경우에는 일방 당사자가 상대방이 의무를 이행하면 그때 자신도 이행하겠다고 항변할 권리다.

쉽게 말해, 분양 시행사와 수분양자에게 대지 지분에 관해 소유권이전등기 절차 이행을 청구할 수 있지만, 분양 시행사는 낙찰자가 미납 분양대금을 지불하면 소유권이전등기 절차를 이행하고 지불하지 않는다면 이행하지 않겠다는 항변을 할 수 있는 것이다. 감정평가에 대지권이 포함되었든 포함되지 않았든 분양 시행사는 이러한 동시이행항병권을 가진다. 그렇다면 낙찰자는 미납 분양대금을 납부함으로써 대지권을 얻을 수 있다.

투자 손실 막는 실전 팁

만약 미납 분양대금금액과 대지권 등기에 대한 정보가 알려져 있지 않다면, 인근 공인중개사 사무소와 분양 시행사에 문의해서 확인 후 입찰해야 한다. 그래야 미납 분양대금을 감안해 입찰가를 정할 수 있다.

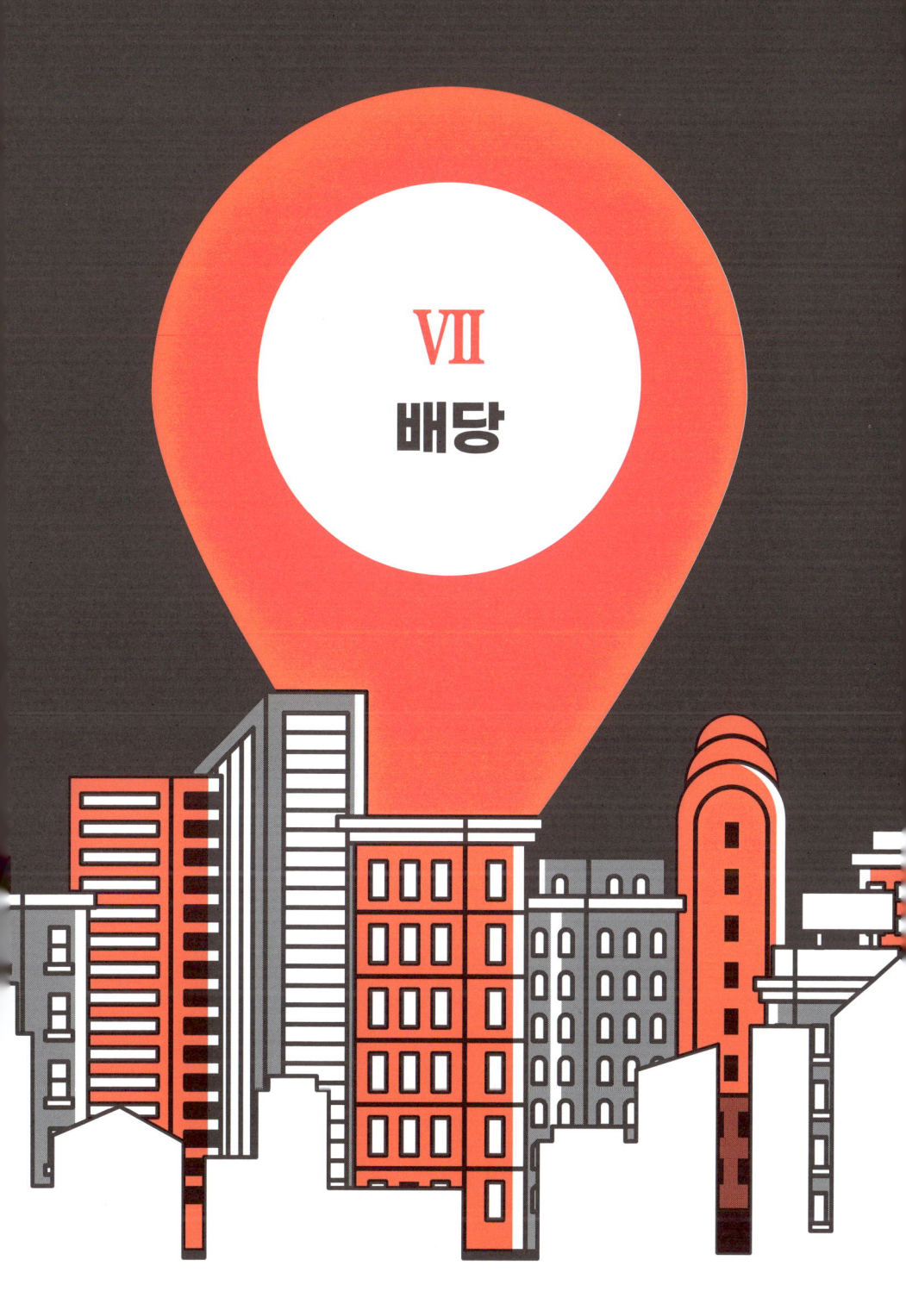

대항력 있는 임차인의 배당요구 1 :
배당요구종기일 이후에 했다면 임차인 보증금 인수

(의정부 2017타경7906(2))

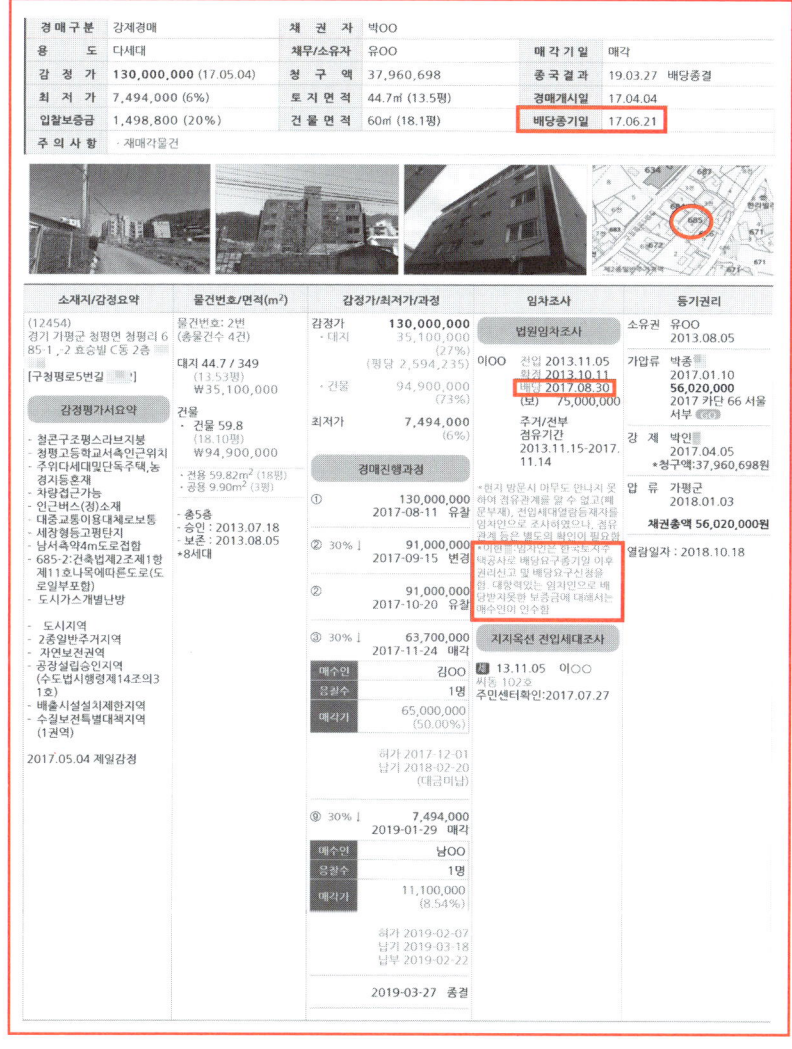

(출처 : 지지옥션)

임차인 분석 – 1. 대항력 유무

임차인이 있으니 대항력이 있는지 확인해야 한다. 말소기준권리는 2017. 01. 10 가압류이다. 임차인의 대항력은 2013. 11. 06 0시에 발생한다. 말소기준권리보다 앞서는 대항력 있는 임차인이다.

임차인 분석 – 2. 배당

다음으로는 대항력 있는 임차인이 배당요구종기 이내에 배당요구를 했는지 확인해야 한다. 이 임차인은 2017. 08. 30에 배당요구를 했다. 그런데 본건의 배당종기일은 2017. 06. 21이다. 배당요구종기일 이후에 배당요구 신청한 것이다.

대항력 있는 임차인은 반드시 배당요구종기일까지 '권리신고 겸 배당요구 신청'을 해야 배당을 받을 수 있다. 만약 대항력 있는 임차인이 배당요구종기일 이후에 배당요구 신청을 했다면 낙찰자가 그 임차인의 보증금을 인수해야 한다.

이 사례의 임차인의 보증금 75,000,000원은 낙찰자가 인수해야 한다. 세 번째 매각기일의 낙찰자는 이를 간과하고 입찰해서 낙찰받았다. 뒤늦게 알고는 대금을 미납해 입찰보증금 1,498,800원을 돌려받지 못했다.

대항력 있는 임차인의 배당요구 2 :
배당요구종기일 이전에 철회하면 임차인 보증금 인수
(창원 2015타경13245)

(출처 : 지지옥션)

말소기준권리인 가압류(2015. 07. 23)보다 앞서는 대항력 있는 임차인이 배당요구종기일(2016. 01. 08) 이전에 배당요구 신청을 했다. 세 번째 매각기일의 낙찰자는 '배당요구종기일까지 배당요구 신청을 했는지'까지만 확인하고 입찰하는 실수를 범했다.

임차인이 있으면 첫 번째로 대항력 유무를 확인하고, 두 번째로 배당요구종기일까지 배당요구 신청을 했는지 확인하고, 세 번째로는 배당요구종기일 이전에 배당요구 신청을 철회했는지 살펴봐야 한다. 이는 법원 문건 접수 내역으로 확인할 수 있다.

| 2015.12.30 | 임차인 김◯◯ 배당 및 권리 신청 철회서 제출 |

(출처 : 법원 문건 접수 내역)

법원 문건 접수 내역에 '임차인 배당 및 권리 신청 철회서 제출'이라는 문구가 있으면 배당요구 신청을 철회한 것이다. 배당요구종기일 이전에 배당요구 신청을 철회하면 적법한 철회로, 낙찰자가 임차인의 보증금을 인수해야 한다. 대항력 있는 임차인이 배당요구종기일 이후에 배당요구를 철회하면 적법하지 않다.

민사집행법 제88조(배당요구) 제2항
배당요구에 따라 매수인이 인수하여야 할 부담이 바뀌는 경우에는 배당요구의 종기가 지난 뒤에 이를 철회하지 못한다.

위 사례의 대항력 있는 임차인은 배당요구종기일인 2016. 01 .08 이전에 배당 및 권리 신청 철회서를 제출해 배당요구를 철회했으므로 적법하다. 세 번째 매각기일의 낙찰자는 최고가 매수 신고인이 된 후에야 이를 알고 대금을 미납해 입찰보증금 3,145,800원을 돌려받지 못했다.

투자 손실 막는 실전 팁

대항력 있는 임차인이 있다면, 그가 배당요구종기일 내에 배당요구를 했더라도 법원 문건 접수 내역에서 배당요구종기일 이전에 배당요구를 철회하지는 않았는지 체크 후 입찰해야 한다.

소액임차인 최우선변제권
(중앙 2012타경27538)

임차인이 배당받을 수 있는 권리에는 2가지가 있다. 하나는 소액임차인의 최우선변제권이고, 다른 하나는 확정일자에 의한 우선변제권이다. 2개의 권리를 모두 가질 수도 있고, 둘 중 하나만 가질 수도 있고, 둘 다 없을 수도 있다. 만약 2개의 권리를 모두 가지고 있다면 최우선변제금을 우선해서 배당받은 후에 확정일자에 의한 우선변제금으로 배당받는다.

수익으로 이어지는 경매 지식

구분	확정일자에 의한 우선변제권	최우선변제권
요건	1. 대항력 요건(주택인도+주민등록)을 갖출 것 2. 확정일자를 받을 것 3. 임차주택이 경공매로 매각되었을 것 4. 배당요구를 할 것	1. 보증금이 소액일 것 2. 경매 기입등기(공매 공고등기) 이전에 대항력 요건(주택인도+주민등록)을 갖출 것 3. 임차주택이 경공매에의해 매각될 것 4. 배당요구를 할 것
주의	대항요건을 갖춘 후 대항력이 발생해야만 우선변제권이 발생한다. (예시 : 9월 1일 주택인도+주민등록, 9월 5일 확정일자면 대항력은 9월 2일 오전 0시, 우선변제권은 9월 5일 주간 근무시간에 발생)	1. 최우선변제금의 합이 주택가액(낙찰 대금+입찰보증금에 대한 배당기일까지의 이자, 몰수된 보증금 등을 포함한 금액-집행비용)의 1/2를 초과하면 안 된다. 2. 전세권, 임차권등기 이후 주택·상가를 임차한 임차인, 법인은 최우선변제권이 없다.

최우선변제권 있는 소액임차인의 배당

최우선변제권 배당은 다음과 같이 이루어진다.

담보물권이 설정된 시기가 소액임차인 해당 여부를 판단하는 기준 시점이다. 여기서 담보물권이란 근저당권, 담보가등기, 전세권, 확정일자부 임차권, 등기된 임차권이다.

제일 먼저, 설정된 담보물권의 설정 시기에 소액임차인에 해당된다면, 임차인이 그 담보물권보다 우선해서 변제받는다. 소액임차인이 최우선변제금을 배당받은 후에 판단 기준이 되었던 담보물권이 배당받는다.

두 번째로 빨리 설정된 담보물권의 설정 시기에 소액임차인이었는지 판단하고 위와 같은 방식으로 배당한다. 그런 식으로 배당을 진행하다가 더 이상 임차인의 대항력 요건 구비일보다 빨리 설정된 담보물권이 없다면, 배당 시점을 기준으로 소액임차인에 해당하는지를 판단한다. 해당된다면 다른 채권보다 우선해서 변제받는다.

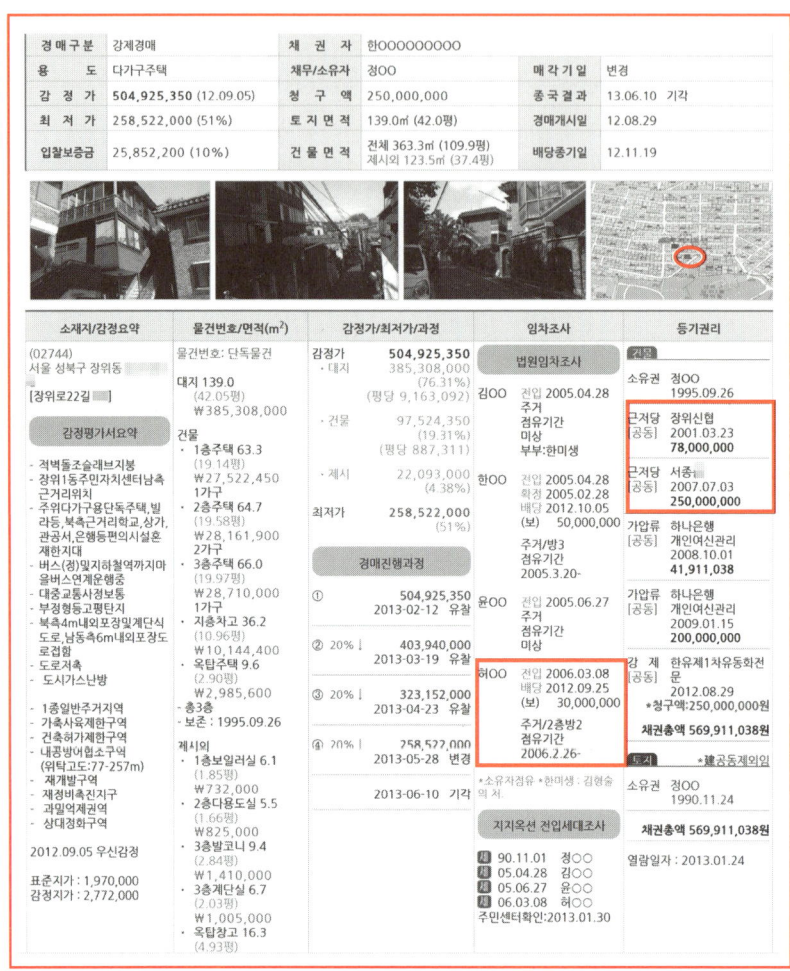

(출처 : 지지옥션)

이 사례의 임차인 허○○은 우선변제권 요건 중 확정일자가 없어서 확정일자에 의한 우선변제권이 없다. 대항요건은 갖추고 있으나 선순위 근저당보다 대항력 발생일이 느리기 때문에 대항력을 인정받지 못한다. 그러나 최우선변제권의 요건을 모두 갖추고 있다.

담보물권인 2006. 03. 08 근저당 ○○신협과 2007. 07. 03 근저당 서○○을 기준으로 그 설정 시기에 소액임차인 해당 여부를 판단하면 된다. 1순위 근저당 설정일(2006. 03. 08) 기준으로, 소액보증금 범위인 3,000만 원 이하에 해당되어 1,200만 원까지 최우선변제로 배당받을 수 있다. 다음으로 2순위 근저당 설정일(2007. 07. 03) 기준으로 소액보증금 범위인 4,000만 원 이하에 해당되어 1,600만 원까지 배당받을 수 있다.

다만 최우선변제를 받았다면, 그 금액을 공제한 나머지 금액에 대해서만 최우선변제액 한도 내에서 추가로 최우선변제받을 수 있다. 그래서 그 전에 배당받은 1,200만 원을 공제한 나머지 400만 원을 추가로 최우선변제받을 수 있다. 따라서 임차인 허○○은 보증금 3,000만 원 중 1,600만 원을 최우선변제로 배당받는다.

소액임차인 최우선변제권의 예외 : 임차권등기 이후 전입한 임차인

(서부 2013타경1333)

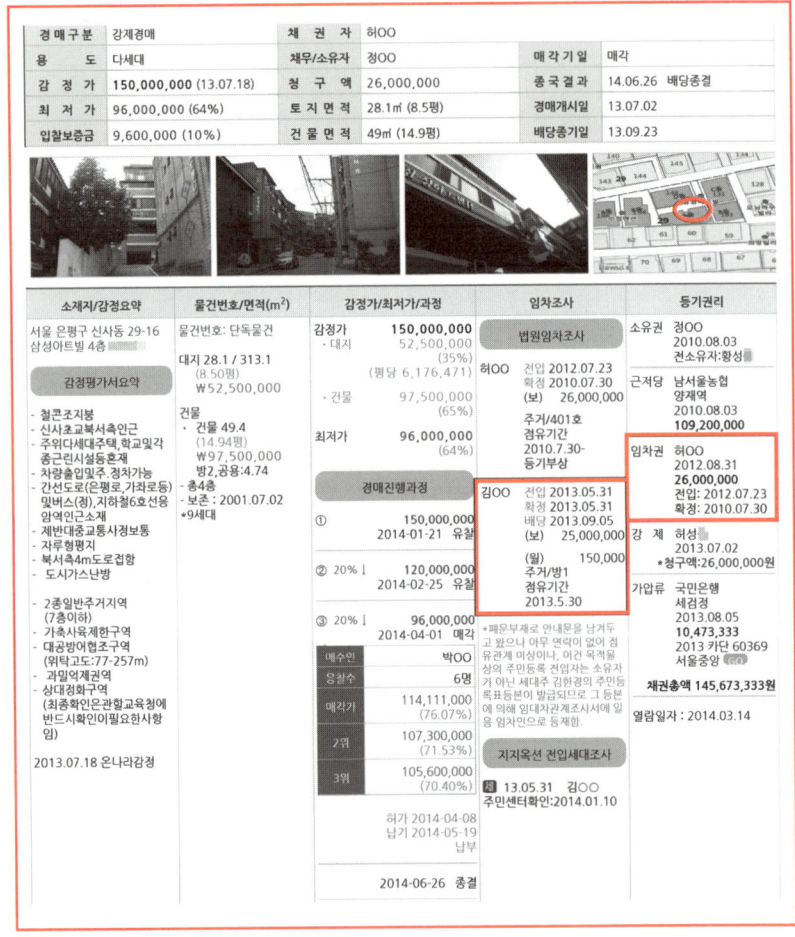

(출처 : 지지옥션)

이 사례의 임차인은 소액임차인의 최우선변제권 요건 4가지를 다 갖추고 있지만, 최우선변제권이 없어 최우선변제를 못 받는다. 그 이유는 2012. 08. 31의 임차권등기 때문이다.

임차권 등기

먼저 주택임대차보호법(상가임대차보호법)상의 임차권등기가 무엇인지 알아보자.

임차권등기명령 제도란, 임대차기간이 종료된 후 보증금을 반환받지 못한 임차인에게 임차권등기를 할 수 있도록 함으로써, 촉탁등기가 완료되면 대항력과 우선변제권을 유지한 채 자유롭게 주거를 옮길 수 있도록 하는 제도를 말한다. 주임법(상임법)상의 임차권등기는 등기부의 등기원인이 법원의 임차권등기명령이고, 임대차계약일자가 적혀 있다.

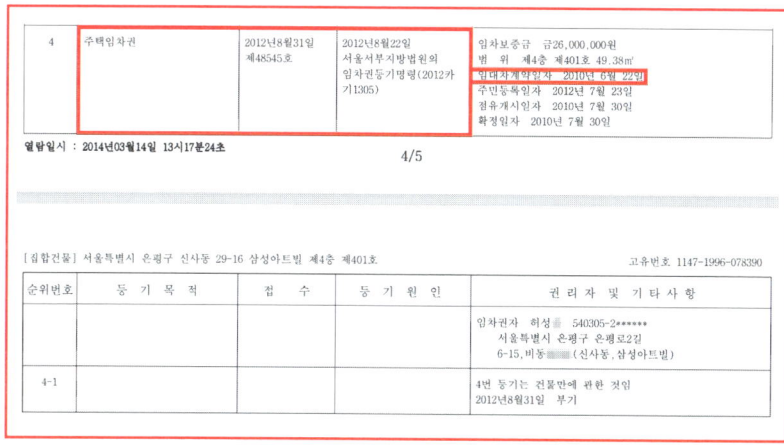

(출처 : 등기부등본)

주택임대차보호법(상가임대차보호법)상의 임차권등기 이후에 임차한 임차인은 소액임차보증금 최우선변제권이 없고, 확정일자에 의한 우선변제권과 대항력만 인정받을 수 있다.

> **대법원 2023. 9. 27 선고 2022다246610, 2022다246627 판결**
>
> 나아가 주택임대차보호법은 '임차권등기명령의 집행에 따른 임차권등기가 끝난 주택을 그 이후에 임차한 임차인은 제8조에 따른 우선변제를 받을 권리가 없다'(제3조의 3 제6항)고 정하고 있고, 제8조는 일정 금액 이하의 소액임차보증금 최우선변제에 관한 규정이며, 주택임대차보호법에서 임차권의 대항력과 우선변제권에 관한 규정에는 임차인이 주택의 인도와 주민등록을 마친 때에는 대항력이 생기고 임대차계약증서에 확정일자를 갖추면 우선변제권까지 생긴다고 정하고 있을 뿐, 선순위 임차권 내지 임차권등기의 존재를 소극적 요건으로 정하고 있지 않으므로, 임차권등기가 마쳐진 주택을 임차한 임차인에게도 소액임차보증금에 관한 최우선변제권을 제외한 대항력과 우선변제권을 인정할 수 있다고 판단하였다.

이번 사례의 임차인 김○○은 위의 대법원 판례에 따라 최우선변제권이 제한된다.

담보물권인 근저당의 설정 시기 2010. 08. 03 기준으로 보증금이 7,500만 원 이하면 소액임차인이다. 담보물권인 등기된 임차권의 설정 시기 2012. 08. 31 기준으로도 보증금이 7,500만 원 이하면 소액임차인이다. 최대 2,500만 원까지 최우선변제를 받을 수 있다. 그러나 임차인 김○○은 임차권등기 후에 전입했기 때문에 주택임차권등기가 말소되지 않는 한 최우선변제권이 없어 최우선변제를 못 받는다.

투자 손실 막는 실전 팁

주택임대차보호법(상가임대차보호법)상의 임차권등기 이후에 임차한 임차인은 소액임차보증금 최우선변제권이 없고, 확정일자에 의한 우선변제권과 대항력만 인정받을 수 있다. 경매 물건의 임차인이 임차권등기 이후 임차했는데 대항력이 있다면, 최우선변제권이 있다고 권리분석과 배당 예상액 계산을 잘못해서 낙찰 후 임차인의 미배당 보증금을 인수해야 하는 불상사가 없도록 주의해야 한다.

전 소유자가 임차인이고
보증금이 증액된 경우
(북부 2012타경19154)

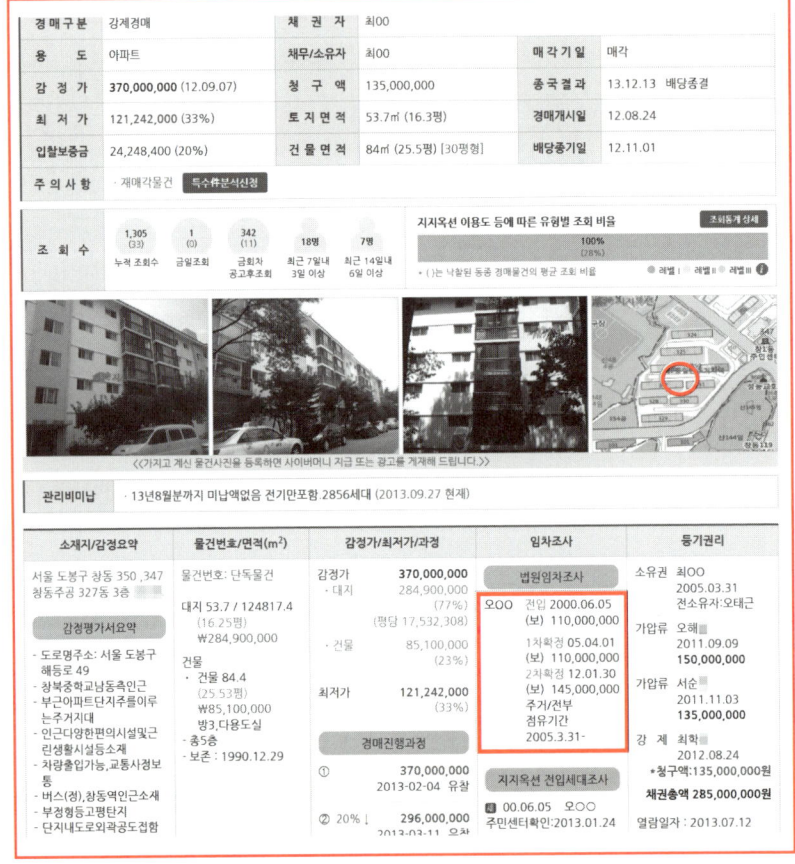

(출처 : 지지옥션)

전 소유자이자 임차인인 오○○이 배당요구를 하지 않았음을 명백히 밝혔다. 만약, 배당요구를 한다면 3억 원에 낙찰을 가정할 경우(경매 비용

300만 원 최우선배당), 오○○은 대항력과 우선변제권이 있는 1억 1,000만 원은 우선순위로 배당이 되지만 2012. 01. 30 확정일자를 받은 증액 보증금 3,500만 원은 선순위가압류 이하와 안분배당 후 흡수배당이 예상된다. 이 경우, 오○○은 3,500만 원 전액을 배당받는다.

배당요구를 하지 않았기 때문에 대항력과 우선변제권이 있는 1억 1,000만 원 우선 낙찰자가 인수해야 한다.

증액된 3,500만 원은 어떻게 될 것인가? 확정일자를 보면 2012. 1. 30로서 선순위가압류 설정일보다 우선변제권은 후순위로 보인다. 따라서 배당요구를 하지 않아 소멸을 예상할 수 있지만, 대항력 부분을 확인해야 한다.

통상적으로 보증금 조정계약은 2년마다 갱신된다. 1차 보증금 확정일자가 2005. 04. 01이기 때문에 실제 최종 갱신일은 2011. 04. 01일 가능성이 크다. 오○○이 보증금 증액 후 확정일자 받는 것을 간과했다가 가압류 2건이 설정되자 그제야 2012. 01. 30 확정일자를 받았을 수도 있는 것이다.

그렇다면 실제 임대차갱신과 보증금 증액일로 추정되는 2011. 04. 01을 기준으로 대항력을 판단해볼 수 있다. 오○○이 배당요구를 하지 않아도 1억 1,000만 원과 증액분 3,500만 원은 낙찰자가 인수할 가능성이 있다. 다만, 오○○의 실제 보증금 증액을 위한 계약 갱신일이 2011. 04. 01인지 조사하고 입찰에 참여해야 한다.

증액된 보증금의 확정일자와 실제 보증금 증액일이 일치하지 않을 수 있음을 염두에 두고, 실제 보증금 증액일을 조사 후 입찰하자.

임차인의 경매 신청은
배당요구로 본다
(인천 2012타경17464)

　배당 방식에는 자동배당과 수동배당이 있다. 자동배당이란 배당요구를 하지 않아도 배당받을 수 있는 것이다. 매각으로 그 권리가 소멸하는 채권자는 자동배당된다. 배당요구 및 채권계산서를 제출하지 않았더라도, 집행 기록에 있는 서류와 증빙에 의해 계산해서 배당금액을 산정 후 배당해야 한다.

　수동배당이란 배당요구 종기일까지 배당요구를 해야만 배당을 받을 수 있는 채권자다. 등기부에 권리 내용이 기입되지 않은 권리자(임차인 등)가 이에 해당된다. 왜냐하면 등기가 안 되어 있는데 배당요구도 하지 않으면 집행법원은 그 채권의 존부나 액수를 알 수 없기 때문이다. 우선변제권이 있는 주택·상가 임차인이 이해관계인으로서 권리신고를 했더라도, 그것을 배당요구로 볼 수 없으므로 반드시 배당요구를 해야 한다.

　수동배당에 해당되는 대항력 있는 주택·상가 임차인이 배당요구종기일까지 배당요구를 하지 않거나, 배당요구종기일이 지나서 배당요구한 경우에는 낙찰자가 그 임차인의 미배당 보증금을 인수해야 하고, 임차인이 만기까지 임차권의 효력을 주장할 수 있다는 것을 기억하자.
　다만 우선변제권 있는 주택·상가 임차인이 배당요구를 하지 않아도 자동배당받을 수 있는 예외가 있다. 그 예외를 사례로 살펴보자.

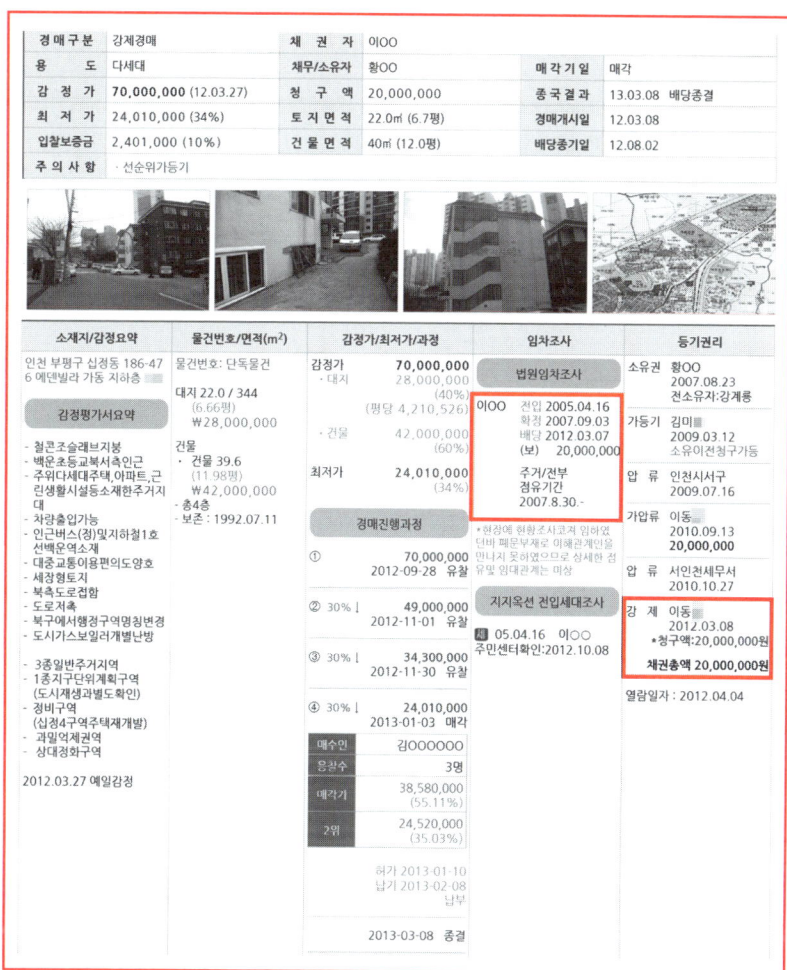

(출처 : 지지옥션)

　이 사례의 임차인 이○○은 대항력 있는 선순위 임차인이다. 법원 문건 처리 내역을 보면 임차인은 권리신고 및 배당요구 신청을 제출하지 않았다.

문건처리내역

접수일	접수내역	결과
2012.03.09	등기소 북인천등기소 등기필증 제출	
2012.03.28	기타 집행관 남현숙 부동산현황조사보고서 제출	
2012.04.06	감정인 (주)예일감정평가법인 경인지사 감정평가서 제출	
2012.04.24	채권자대리인 이돈영,민선향,위승용,공익법무관오준성,강천규,윤성훈 보정서 제출	
2012.05.16	교부권자 인천서구 교부청구 제출	
2012.05.16	교부권자 인천부평구 교부청구 제출	
2012.05.16	교부권자 인천서구 교부청구 제출	
2012.07.19	가등기권자 김미송 권리신고및배당요구신청 제출	
2012.07.30	채권자대리인 이돈영,민선향,위승용,공익법무관오준성,강천규,윤성훈 보정서 제출	

(출처 : 법원 문건 접수 내역)

그런데 2012. 03. 07이 임차인의 배당요구일로 기록되어 있다.

우선변제권 있는 주택·상가 임차인이 경매 신청을 했다면, 그 경매 신청을 배당요구로 보아 별도의 배당요구가 없더라도 자동배당 대상이 되어 우선변제를 받을 수 있다. 이 경우, 법원은 우선변제권 있는 임차인의 경매 신청 자체를 배당요구로 보아, 경매 신청일을 배당요구일로 기록하기도 한다.

대항력 있는 선순위 임차인의 확정일자가 늦은 경우, 금액을 알 수 없는 압류까지 있다면

(북부 2015타경2546)

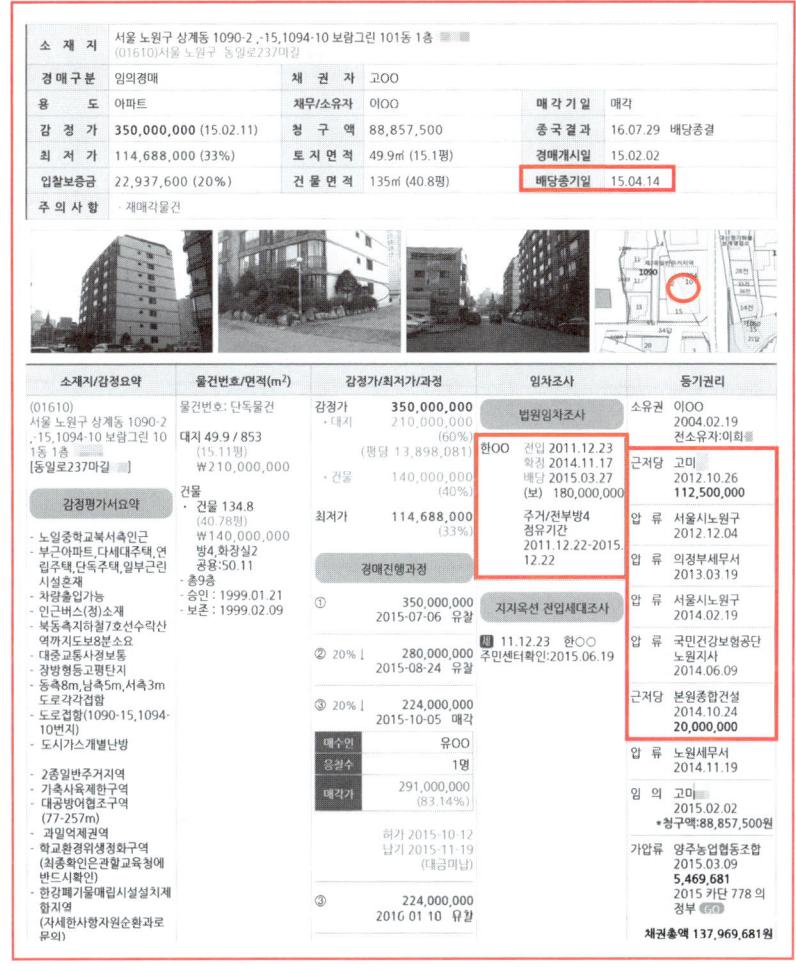

(출처 : 지지옥션)

임차인이 최선순위 설정 일자인 2012. 10. 26 근저당보다 빨리 대항요건(전입과 점유)을 갖췄다. 선순위 대항력 있는 임차인으로, 미배당 보증금이 있으면 낙찰자가 인수해야 한다. 이 임차인이 보증금 전액을 배당받을 수 있는지가 관건이다.

확정일자를 받았고, 배당요구종기일 이내에 배당 신청을 했다. 대항요건과 확정일자를 갖췄기 때문에 우선변제권이 있다. 그런데 뒤늦은 2014. 11. 17에 확정일자를 받아서 배당 순서가 느리다.

근저당권자와 압류권자가 임차인 한○수(대항력 있는 선순위 임차인)보다 얼마를 먼저 배당받아가는지, 그로 인한 임차인 한○수의 미배당 보증금이 얼마인지 파악해야 한다.

순위번호	등기목적	접수정보	주요등기사항	대상소유자
25	근저당권설정	2012년10월26일 제94443호	채권최고액 금112,500,000원 근저당권자 고미■	이윤■
27	근저당권설정	2014년10월24일 제99231호	채권최고액 금20,000,000원 근저당권자 본원종합건설주식회사	이윤■

(출처 : 등기부등본)

근저당 2건의 채권최고액 총합은 등기부등본에서 확인할 수 있다. 근저당 2건의 채권최고액 총합은 1억 3,250만 원이다.

27	압류	2012년12월4일 제109693호	2012년11월6일 압류(징수과(세외)-1980 3)	권리자 서울특별시노원구
28	압류	2013년3월19일 제23343호	2013년3월19일 압류(부가가치세1과-184 4)	권리자 국 처분청 의정부세무서
29	압류	2014년2월19일 제14261호	2014년1월15일 압류(징수과-1)	권리자 서울특별시노원구

열람일시 : 2016년03월16일 15시17분23초

순위번호	등 기 목 적	접 수	등 기 원 인	권리자 및 기타사항
30	압류	2014년6월9일 제52116호	2014년6월9일 압류(징수부-903995)	권리자 국민건강보험공단 111471-0008863 서울특별시 마포구 독막로 (염리동) (노원지사)
31	임의경매개시결정	2014년10월21일 제97520호	2014년10월21일 서울북부지방법원의 임의경매개시결정(2014 타경24716)	채권자 부부천새마을금고 124344-0000350 부천시 원미구 옥산로 (도당동)
32	압류	2014년11월19일 제110105호	2014년11월17일 압류(소득세과-9169)	권리자 국 처분청 노원세무서
33	31번임의경매개시결정등기말소	2014년12월1일 제115084호	2014년11월26일 취하	
34	임의경매개시결정	2015년2월2일 제10464호	2015년2월2일 서울북부지방법원의 임의경매개시결정(2015 타경2546)	채권자 고미 701201-******* 서울 송파구 송이로15길 16, (가락동)

(출처 : 등기부등본)

압류권자가 서울시 노원구, 의정부세무서, 국민건강보험공단이고, 정확한 압류금액은 알 수 없다. 경매 집행기록을 열람하면 세금 종류와 정확한 금액, 법정기일 등을 확인할 수 있다. 그러나 입찰 고려 중인 사람은 경매 기록을 열람 및 복사를 신청할 수 있는 이해관계인에 해당되지 않는다.

수익으로 이어지는 경매 지식

부동산 등에 대한 경매 절차 처리지침 제53조(경매 기록의 열람·복사)
① 경매 절차상의 이해관계인(민사집행법 제90조, 제268조) 외의 사람으로서 경매 기록에 대한 열람·복사를 신청할 수 있는 이해관계인의 범위는 다음과 같다.
1. 파산관재인이 집행당사자가 된 경우의 파산자인 채무자와 소유자
2. 최고가 매수 신고인과 차순위 매수 신고인, 매수인, 자기가 적법한 최고가 매수 신고인 또는 차순위 매수 신고인임을 주장하는 사람으로서 매수 신고 시 제공한 보증을 찾아가지 아니한 매수 신고인

3. 민법·상법, 그 밖의 법률에 의해 우선변제청구권이 있는 배당요구 채권자
4. 대항요건을 구비하지 못한 임차인으로서 현황조사보고서에 표시되어 있는 사람
5. 건물을 매각하는 경우의 그 대지 소유자, 대지를 매각하는 경우의 그 지상 건물 소유자
6. 가압류 채권자, 가처분채권자(점유이전금지가처분 채권자를 포함한다)
7. '부도공공건설임대주택 임차인 보호를 위한 특별법'의 규정에 의해 부도임대주택의 임차인대표회의 또는 임차인 등으로부터 부도임대주택의 매입을 요청받은 주택매입 사업시행자

따라서 입찰 고려 중인 사람은 압류권자가 누구인지로 금액이 많을지 적을지 정도만 추정할 수 있다. 지자체에서 부과하는 지방세(서울시 노원구)는 금액이 많지 않을 확률이 높다. 지방세 중 취득세가 금액이 클 수 있는데, 소유권이전등기가 되어 있으니 취득세는 납부했을 것이다. 그래서 지방세 중 재산세인 경우가 대부분인데, 재산세는 금액이 많지 않은 편이다. 압류권자 중 문제가 되는 것은 국세(의정부세무서)다. 국세에 해당하는 양도세, 증여세, 소득세, 법인세, 부가세, 관세 등은 금액이 큰 편이다. 압류금액이 많다면 배당 순서가 느린 대항력 있는 선순위 임차인의 보증금을 전액 인수해야 할 수도 있다. 압류금액과 인수금액이 불확실하므로 보수적으로 접근해야 한다.

사례로 학습하는
기본 경매

제1판 1쇄 2025년 8월 19일

지은이 김민솔, 이실장, 차건환
펴낸이 한성주
펴낸곳 ㈜두드림미디어
책임편집 최윤경
디자인 김진나(nah1052@naver.com)

㈜두드림미디어
등　록 2015년 3월 25일(제2022-000009호)
주　소 서울시 강서구 공항대로 219, 620호, 621호
전　화 02)333-3577
팩　스 02)6455-3477
이메일 dodreamedia@naver.com(원고 투고 및 출판 관련 문의)
카　페 https://cafe.naver.com/dodreamedia

ISBN 979-11-94223-79-5 (03320)

책 내용에 관한 궁금증은 표지 앞날개에 있는 저자의 이메일이나
저자의 각종 SNS 연락처로 문의해주시길 바랍니다.

책값은 뒤표지에 있습니다.
파본은 구입하신 서점에서 교환해드립니다.